安曇野のお花畑と花風景

雪解けを追うように、きゃしゃな体全体で春の喜びを表している可憐な花。夏の高原を一面に彩るあでやかな花。秋の野山でひっそりと咲く清楚な花。北アルプスの麓・安《あ》曇野《ずみの》は、一年中、花の宝庫です。花に限らず、深い木立や澄んだ空気、そして都会では見たこともないような美しい自然とめぐり会うことができます。そんな安曇野を歩いてみませんか。きっと、素晴らしい一日になることでしょう。

上――安曇野のレンゲ畑 ［本文77ページ］

親海《およみ》湿原のカキツバタ［本文99ページ］

姫川《ひめかわ》源流のフクジュソウ［本文52ページ］

美ヶ原《うつくしがはら》のレンゲツツジ
［本文143ページ］

白馬《はくば》のお花畑――クルマユリ（橙）、ハクサンフウロ（紅）［本文138ページ］

美ヶ原のヤナギラン
[本文143ページ]

上高地・徳沢のニリンソウ
[本文109ページ]

五《ご》竜《りゅう》遠《とお》見《み》尾根のカタクリ
［本文57ページ］

栂池《つがいけ》自然園のニッコウキスゲ
［本文115ページ］

穂高《ほたか》のワサビ畑
［本文71ページ］

美ヶ原・ダケカンバの霧氷
［本文161ページ］

鬼無里《きなさ》のミズバショウ
[本文104ページ]

増村征夫

安曇野《あずみの》 一日の花歩き野歩き

講談社＋α新書

訪ねてみたい
安曇野の花歩き地図30

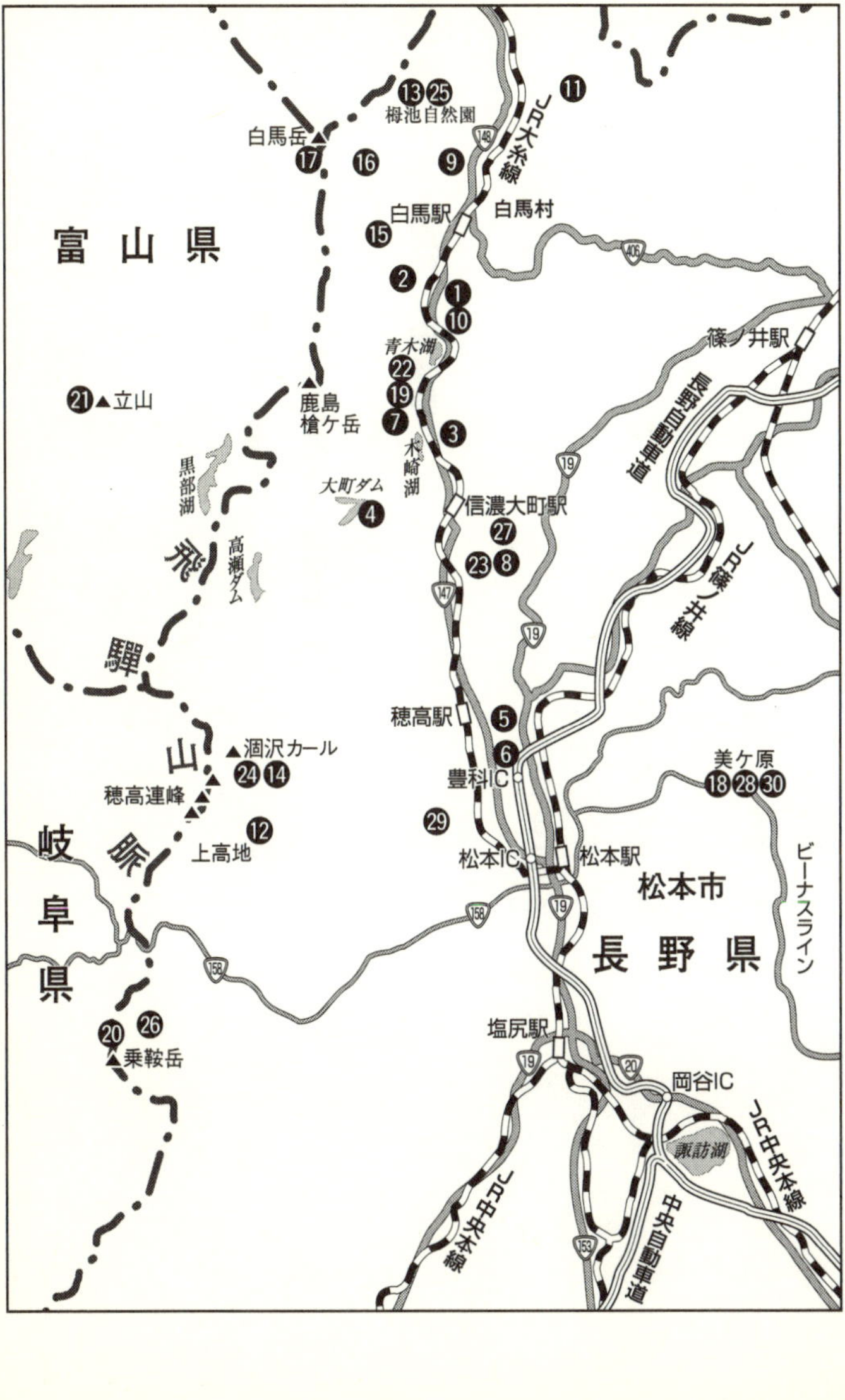
栂池自然園
白馬岳
JR大糸線
148
白馬駅
白馬村
富山県
406
篠ノ井駅
長野自動車道
青木湖
立山
鹿島槍ケ岳
木崎湖
黒部湖
大町ダム
信濃大町駅
19
高瀬ダム
飛騨山脈
147
JR篠ノ井線
穂高駅
涸沢カール
穂高連峰
豊科IC
美ケ原
上高地
松本IC
松本駅
岐阜県
松本市
ビーナスライン
158
長野県
塩尻駅
乗鞍岳
20
岡谷IC
諏訪湖
JR中央本線
中央自動車道
153

◉目次

第四章　夏、北アルプスの風

第五章　秋、時雨《しぐれ》のころ

第一章　いつも劇的な安曇野《あずみの》

懐《なつ》かしい里

遠くへ出かけて、安曇野《あずみの》まで帰ってくると、心を落ち着かせてくれる景色にほっとする。南北に連なる北アルプスの山々に沿って、町や村が点在している。曇っていても、北アルプスの存在が感じられる。霞んでいれば、山々は限りなく高く見える。

その景色の中に車を走らせながら、〝ああ、帰ってきた〟と、安堵《あんど》の気持ちに満たされるのだった。わずか数日しか離れていなくても、そう思えた。

それは、背後にそびえる山が日本の屋根と呼ばれる北アルプスであるというばかりではなく、屋敷林に包まれた民家や、神社の杜《もり》が盆地の中に散らばっていて、日本の原風景としての美しさを湛《たた》えているからだろう。

私が安曇野に移り住んだのは、二十代後半からよく訪れた安曇野で、たとえば久々に故郷の地を踏むように、野草の花が咲く野山がそこかしこにあったからである。訪れるたびに、心が癒《いや》されたからである。

当時、大阪で仕事をしていた私は、大都市という茫洋《ぼうよう》とした坩堝《るつぼ》に飲み込まれてゆくのを感じていた。そこから逃れたかった私は、まちがいなく自然にあこがれていた。それで、仕事の合間を見つけては旅に出て、各地の野山を撮影して歩いた。そのような旅を、私はいかに大事にしていたことだろう。なかでも安曇野の、野草の花が咲く野山に、繁く通った。そうしているうち、安曇野や信州を撮影してゆこうと決心したのである。

一九八一年、家族を連れて、安曇野に移り住んだ。

毎日、野山を歩きながら、変化に富んだ自然に目を凝らした。そこに咲く草木の花を撮影した。刻々と変わってゆく自然を撮影した。

移り住んでみると、山々は今まで見たこともない表情を見せてくれた。遠くから見ると長い壁のような北アルプスは、午後の斜光線で、尾根が重なって墨絵のように見えるひとときがある。幾重にも重なる山は、十二単《じゅうにひとえ》を思わせる。その山々を見ているうち、登ってみたくなった。

翌年、白馬岳の開山祭に参加して、初めて北アルプスの稜線に立った。

稜線から眺める安曇野は、左右を山に挟まれて舟底形をしていた。西側はアルプスから流れ出た幾つもの川の扇状地であり、東は河岸段丘となって、中山山地や筑摩《ちくま》山地に続いている。その山なみはすべて南北に長く伸びている。その先に、皿を伏せた形の美ケ原が横たわり、後ろに鋸《のこぎり》の刃のような八ケ岳や南アルプスが霞んでいた。安曇野は思っていたよりはるかに、山また山の中であった。

北帰行《ほっきこう》

安曇野に白鳥の湖がある。湖といっても、犀川《さいがわ》ダム湖をそう呼んでいるにすぎないのだが、北アルプスを背景にコハクチョウが湖を飛ぶ姿は、とても気に入っている。

渡り鳥伸び縮まりつ中空に　田中鬼骨《たなかきこつ》

冬の間は滅多《めった》に遠くまでゆくことはしないで、犀川に沿ってそれほど高くないところを行ったり来たりしていたコハクチョウは、三月に入ると、高く舞いあがる。幾つかの家族が一緒になって、北へ帰るための練習飛行をしているのだろう。十数羽の一団が、伸びたり縮んだりしながら飛んでいる。

飛び立つときが興味深い。休んでいるコハクチョウの群れの中から、風上に向かった一団が縦一列に並んだかと思うと、先頭の鳥が、数秒の間隔でひょこ、ひょこと、首を縦に振っている。間もなく飛び立つぞという合図である。

やがて、先頭がバタバタと水面に羽をたたきつけるようにはばたきながら、湖を駆け、水しぶきをあげて舞いあがる。後も続いて、等間隔で舞いあがる。急に高くはあがれないのだろう。百メートルほど離れた私の前を飛ぶときも、せいぜい五メートルほどの高さである。バットを振ったような、風を切る音を残して遠ざかってゆく。

雪の降る日も練習飛行は続く。雪の日は北アルプスが見えないから、私は東側の低い山を背景に撮影するのだけれど、まだらに雪が積もった雑木の森や赤松の林を背景に飛ぶ姿は、ほんとうに優美だった。

コハクチョウは、湖にいるとき面白い仕草をたくさんする。たとえば、水の中では片足で立って、長い首を〝の〟の字に曲げている。眠っているのか休んでいるのかわからないが、長い間そうしている。

また、互いに向き合って、深く頭を下げながら踊る。求愛のポーズであるという。なんともほほえましい姿だ。

三月の末になると、コハクチョウたちは北の空へ旅立ってゆく。これはもう五年ほど前になるが、暗くなってから旅立つことがあるということを聞いて、北帰行がはじまった日の夕暮れに訪れた。

果たして、何十羽の飛び立つ羽音が聞こえ、いちど風上の南に向かったかと思うと間もなく、ダム湖の上に帰ってきた。夕闇の中をコハクチョウのシルエットが飛んでゆく。羽の音と、クワッ、クワッと、もの悲しい声を残して北の空に消えていった。途中、新潟や北海道などの湖沼に立ち寄るのだろうが、はるかシベリアのツンドラ地帯まで行くのにどのようにして方角を知るのだろうか。不思議でならなかった。

風の音、風のかたち

安曇野に移り住んでから、風の音に敏感になった。いろいろな風を数かぎりなく耳にしているなかで、いちばん印象ぶかいのは〝春一番〟だろうか。

安曇野は北アルプスから北風が吹きおろしてくるので、早春に強い風が吹くことは決して珍しくない。けれど、春一番はその風とは全く違っているのである。

それは、早春のある日、突然、部屋の窓を揺るがし、周りのアンズや柿の木などの木々をしならせ、通りすぎてゆく。過ぎ去った後が何ごともなかったように静かなだけに、なにが起きたのかと思う。それから、ああ、春一番だったのかと気づく。長い冬が終わったのだと、感じられる。

秋の風は音楽家のようだ。

山の道端の草花を撮影しているときに出会う、残り少なくなった木の葉を吹き散らしてゆく谷風の音。くるくると、かろやかに木の葉を舞いあげながら足もとを通りすぎて行くつむじ風。さっと草原を波だたせて行く、少し冷たい風。

風が吹くと私は仕事の手を休める。撮影している対象が揺れていることもあるが、風が奏《かな》でる音楽に耳を澄ましている。

風が見える場所がある。木の葉が舞う雑木林も、草原が波だつ高原も風が見える場所だといえないことはないが、私が花の取材でよく通っている美ケ原の王ケ頭《おうがとう》では、一層はっきりと風が見える。

王ケ頭は、東西三・四キロ、南北四キロある美ケ原の最高地である。頂上からは、北アルプスをはじめ、南アルプス、富士山、八ケ岳、浅間山など、中部山岳の名だたる山々が一望できる。

その頂上にある王ケ頭ホテルのテラスに立つと、南下から強い風が吹きあげていることが多い。この風に乗った霧が広い美ケ原を乗り越してゆくとき、風のかたちまで見える。淡い霧の場合、特にそう思える。

高山では、複雑な風をよく目にする。たとえば昨年登った北アルプスの白馬岳《しろうまだけ》では、大雪渓からわきあがったガスが、稜線から吹きおろす風とぶつかっていた。ガスは弧を描き、舞いあがり、消えてゆく。次々に上がってくるガスがそれを繰り返す。飛ぶ雲よりもはるかに複雑な動きで、天女の舞いを思わせる。

仁科《にしな》三湖の表情

安曇野の北部は北アルプスの山々が目の前にそびえ、深い森があるばかりで、安曇野の中心である穂高《ほたか》町や豊科《とよしな》町とは趣が違う。自然に抱かれている、といえばよいのだろうか。

仁科三湖は、そのような自然の中にあって、それぞれが違った表情を見せてくれる。いちばん大きくて深いのは青木湖《あおきこ》で、ミズナラやカラマツ、カエデの森に囲まれている。湖は、その日の空を映して深い紺藍《こんあい》であったり真珠色であったりするが、夕暮れどきに珊瑚《さんご》色に染まっているときが気に入っている。

青木湖のすぐ南どなりに、中綱湖《なかつなこ》がある。こちらは湖というより池を思わせる。夏にコウホネの黄色い花が咲き、冬は結氷するのでワカサギ釣りが楽しめる。

釣りのことはわからないけれど、氷に直径十五センチほどの穴を開け、幾つも釣針をつけた糸を垂らすと、面白いように釣れると聞く。七厘《しちりん》を持ち込み、釣ったその場で揚げて食べるのがいちばん旨いのだそうだ。

木崎湖《きざきこ》は、湖畔を車で走っても、JR大糸線に乗っても、長いあいだ見える湖だ。南端に木崎湖温泉があり、ひなびた旅館が並んでいる。

木崎湖温泉の西端の仁科神社に立ち寄ったことがある。ここは、中世にこの地を治めた仁科氏が築いた仁科城の跡であり、木立ちを通して湖が見える。境内に、明治の児童文学作家として知られる巌谷《いわや》小波《さざなみ》の〝刈りあます髪塚や夏の草〟と詠った石碑があった。

仁科三湖は断層湖であるという。ここは日本海の糸魚川《いといがわ》から太平洋の静岡まで続く大断層の上であり、日本を東西に分けるフォッサマグナ（大地溝帯）の西の端にあたる。日本列島の長い歴史の中で、安曇野はかつてフォッサマグナの海であったが、浸食や断層運動によって現在の姿になったという。

安曇野に「竜《たつ》の子民話」という興味ぶかい話が伝えられている。

それは、安曇野には大きな湖があり、雪解けや台風の季節になると大水が出て湖の水が溢れ、村人が苦しんでいた。その様子を見ていた泉小太郎《いずみこたろう》という少年が、母であり湖の王である犀竜《さいりゅう》と、安曇野の東側の谷を掘って、湖の水を千曲川《ちくまがわ》が流れる善光寺平《ぜんこうじだいら》に流したことから安曇野は肥沃《ひよく》な耕地になった、というのである。仁科三湖は、昔あったという大きな湖の名残りかもしれない。

安曇野の雪形

北アルプスは、あの近づき難い厳冬の姿もいいし、山腹が紅や黄に染まる秋もいい。しかし、いちばん親しみを覚えるのは、何といっても山腹にいろいろな雪形が現れる春だろう。雪形は、山に積もった雪が春になって解けてゆく過程で、残雪が山腹に造る形であるが、里から見えるその姿は、農事にほどよい時期を知らせてくれる暦の役割を果たしてきたものが多い。

そのよい例が、爺ヶ岳《じいがたけ》の「種蒔き爺《たねまきじい》さん」の雪形である。この雪形が興味ぶかいのは、時期を変えて、二人の種蒔き爺さんが現れることだ。まず、四月の初め、爺ヶ岳南方の真下にいる爺さんが姿を現す。少し遅れて本峰の真下に人の姿が現れてくるのだが、これは、ひと足遅れて加勢に来た婆さんだといわれている。いずれの雪形も大きいので、安曇野の町や村からよく見える。

もう一人の種蒔き爺さんは、五月の初めに、南峰と本峰をつなぐ尾根の中間点のすぐ下に現れる。先に出る爺さんの半分くらいの背丈しかないが、この地方で使われていた雪袴《ゆきばかま》をは

白馬岳の代掻馬の雪形

き、腰をひねって種を蒔いた瞬間の姿を思わせる。このころ、先の爺さん、婆さんの雪形は、形が崩れてしまっている。

後から現れた小さな種蒔き爺さんが形をととのえる五月の半ばは、里山が芽吹きの季節を迎える。若葉に包まれた、森の道で見かける花が楽しみで、北アルプスが一望できる白《はく》馬《ば》村の白沢峠《しらさわとうげ》付近の森を歩く。

名前どおりの形をしているイカリソウ、かすかに黄金色を帯びたヤマシャクヤクの白い花、しなった枝に黄色の五弁花が並んだヤマブキなどが咲いている。眼下には、水をはった鏡のような田んぼが並んでいる。向かいにそびえる白馬岳では、代掻馬《しろかきうま》の雪形が姿を現している。昔の人は、この雪形が現れるのを見て田植えをしたと聞く。

代播馬の雪形が現れる場所は、白馬岳と小蓮華山《これんげ》の鞍部《あんぶ》である三国境《みくにざかい》の南斜面で、その姿は、馬が白馬岳へ駆け登っているかに見える。

ところで、白馬岳を何と読むか、私はいつも困ってしまう。そもそもこの山は、田ごしらえの時期を知らせる代播馬の雪形が現れることから、いつしか「代馬岳《しろうまだけ》」と呼ぶようになり、やがて「白馬」の字が宛てられ、音読みで「はくば岳」といわれるようになった。しかし、山名の由来をよく知っている人は、しろうま岳と呼んでいる。

村の名前まで白馬村《はくば》になった現在、しろうま岳と呼ぶ人は少ないけれど、代播馬の雪形に由来した山名であることを考えると、せめて山だけでも「しろうま」と呼んであげたい気がする。

さて、安曇野の南部には、見事な「蝶」の雪形が現れる。蝶ケ岳《ちょうがたけ》の山名となった雪形であり、安曇野から見える雪形の中で、いちばん美しい形をしている。前にあげた種蒔き爺さんや代播馬の雪形が、雪が解けて現れた岩稜の形であるのに対し、この雪形は残雪の形である。

四月の下旬、稜線に沿って白い大きな羽を広げたこの蝶の雪形は、しだいに形をととのえ、五月に入ると、中央の雪が解けて黒い胴体に見えることから、いっそう蝶らしくなる。優美に舞っているように見える。私がこの雪形を撮影したのは、早春賦の碑がある穂高川《ほたかがわ》の堤防からである。

蝶の雪形が現れるところを、私は何度も訪ねた。蝶ケ岳ヒュッテから南へ続く大滝山《おおたきやま》へ向かって七分ほど下ったお花畑であるが、小さな二重山稜になっているので、八月に入っても、蝶の雪形の名残りの雪が残っている。このお花畑は、黄金色に輝くミヤマキンポウゲの群落をはじめ、千鳥が飛んでいるかに見えるハクサンチドリ、紅い五弁の花をちりばめたハクサンフウロなどが一面に咲く、常念山脈《じょうねんさんみゃく》でいちばんのお花畑である。

安曇野の美術館

碌山《ろくざん》の彫刻を知ったのはもう、二十年ほど前だろうか。安曇野に移り住んで間もないころだったと思う。あれこれ思い悩むことがあると、碌山美術館を訪ね、彫刻の前で佇《たたず》んでいた。そうしていると、いつしか心が落ち着いた。

「デスペアー」にいちばんひかれた。頭を床につけるように俯《うつぶ》せになった女性の姿に、釘づけになった。伏しているので顔は見えないが、流れるような細い背中に、絶望的な悲しみが感じられた。

「文覚《もんがく》」にもひかれた。この作品は、敬慕がいつしか恋愛感情に変わっていった碌山の、友人の妻への思いと、それを抑えようとする葛藤《かっとう》のなかで作られた彫刻であるという。力強く組まれた腕。分厚い胸。北アルプスを思わせる肩の筋肉の起伏。そして口を一文字に結んで右前方を見すえている。制作されたいきさつを知る前から、魅せられていた。

ロダンに彫刻を学んだ碌山の作品は、帰国した後に東京のアトリエで制作された作品がほとんどであるが、生まれ育った安曇野の優しさと、西に連なる北アルプスの力強さが感じられる。

安曇野の自然は、ここを訪れた芸術家の心を動かしたにちがいない。

たとえばいわさきちひろの絵を見ていて、そう感じる。ちひろは子供を描き続けた画家であり絵本作家であるが、絵のなかにススキやオミナエシ、アザミ、ネギボウズなどの植物が描かれている。それは、戦後ちひろの両親が、開拓農民として安曇野の松川村《まつかわ》に入植したことと無縁ではないだろう。

数年前、その松川村に安曇野ちひろ美術館ができた。

美術館の前を流れる乳川《ちがわ》の堤は、春になるとカキドオシ、ハハコグサなどの野草が咲きはじめる。

秋はアシの穂が風にそよぎ、ヤマハギが小さな紅紫色の花をつけている。堤に腰を下ろして暮れてゆく野山を眺めていると、乳川のせせらぎや、ゴトゴトと通りすぎてゆく電車の音が聞こえてくる。ひとつふたつと星が見えはじめる夕まぐれの、モノトーンの安曇野がまた素晴らしい。

〝安曇野アートライン〟という言葉をよく耳にするようになった。安曇野に散らばるおよそ二十の美術館を結んで、安曇野の自然とともに楽しんでいただきたいという趣旨であると聞く。

南北がおよそ五十キロの安曇野に、二十もの美術館が点在していることは驚きだ。北アルプスの麓《ふもと》に広がる安曇野が素晴らしいからであろう。

個性的な美術館が多いのが特徴で、シャガールのリトグラフ（ラフォーレ白馬美術館）、ジャン・ジャンセンの幻想的な絵画（安曇野ジャンセン・塚原美術館）、ずらりと並んだ二十世紀の著名人の彫刻（豊科近代美術館）などの作品に出会える。

中山山地・筑摩《ちくま》山地

安曇野の東には、中山山地、筑摩山地と呼ばれる、北アルプスの展望が素晴らしい山々が続いている。北アルプスが三千メートル級であるのに対し、千数百メートルの山ばかりで、北アルプスから俯瞰《ふかん》すると、安曇野に打ちよせるさざ波のように見える。

その中に光城山《ひかるじょうやま》がある。麓の豊科町・南村集落から登山道があり、四月の二十日ごろ、頂上へ向かって一本の桜の道が現れる。安曇野からよく見えるので、桜の道にひかれて幾度か登った。

登山道は少し急ではあったが、登るにしたがって、桜の花を透かして見える安曇野が綺麗《きれい》だった。白鳥の湖として知られる犀川ダム湖が、すぐ下に見えてきた。

半ばをすぎてからの、北アルプスの展望がまた素晴らしい。安曇野に立てた屏風《びょうぶ》のようだ。蝶ケ岳、常念岳、大天井岳《だいてんじょうだけ》、燕岳《つばくろだけ》と続く山々は、標高があがるほど、稜線が横一線に見えるからである。

光城山の頂上は、戦国時代に築かれたと考えられている光城の跡で、今は火の神を祭る神社が寂しく建っているだけであった。

この城は、天文二十二（一五五三）年、川中島の戦いを前にした武田軍の先鋒によって落城したという。当時の人たちは、北アルプスをどのような気持ちで眺めていたのだろうかと、弁当のおにぎりをたべながら思った。

光城山の東に、保福寺峠《ほふくじとうげ》がある。ここからも北アルプスがよく見える。イギリスの宣教師ウォルター・ウェストンが、上田から松本へ向かう途中、この峠からの北アルプスの眺めに驚嘆したということが伝えられている峠だ。

ウェストンは、明治二十一（一八八八）年から二十七年にかけて神戸に伝道する傍ら、槍《やり》ケ《が》岳《たけ》や穂高連峰に登り、『日本アルプスの登山と探検』を著した人である。日本アルプスの父と呼ばれ、上高地の梓川《あずさがわ》のほとりにウェストンのレリーフがある。毎年その前で〝ウェストン祭〟が行われている（六月第一日曜日）。

昨年の晩秋、保福寺峠を訪ねた。四賀《しが》村の、フクジュソウ群生地として知られる赤怒田《あかぬた》地区を東に向かい、蛇行する細い山道を通って峠に立った。

峠から、十二単のように重なる筑摩山地の先に、槍・穂高連峰が見えた。その手前に蝶ケ岳、常念岳が重なっていた。これが、ウェストンの心を揺さぶった北アルプスかと、感慨ぶかかった。峠の脇に〝ウォルター・ウェストン日本アルプス絶賛の址〟と書かれた、大きな石碑があった。

雨飾《あまかざり》山《やま》の麓

安曇野の北端から東の山あいに深く入った、初夏の雨飾山の麓を訪ねた。

途中、姫川《ひめかわ》の支流・中谷川《なかやがわ》に沿った道は左右から山が迫っていて、沢の雪渓がいつ崩れ落ちてきてもおかしくないほど急峻だった。

小谷《おたり》温泉をすぎると、端整な雨飾山が間近に見えてくる。東側に連なる松尾山《まつおやま》や奉納山《ぶのうやま》のブナの森が、ブロッコリーを敷き詰めたように見える。タムシバだろうか、ところどころ白い花が咲いていた。

雨飾高原キャンプ場に車を置き、大海川《おおみかわ》の湿地に向かう。ブナは芽吹いたばかりで、鮮やかな萌葱色《もえぎいろ》だ。山裾の残雪が白く光っている。木道の脇にミズバショウが咲いている。この季節の、おどり動くような草木には目をみはるものがある。

雨飾山の麓は花が多い。光沢のある丸い葉が直径十センチにもなるオオイワカガミ、なんともやさしい紅紫色のシラネアオイ、道の脇の灌木《かんぼく》には、真紅の花をつけたユキツバキも混ざっていた。

鎌池《かまいけ》に立ち寄った。キャンプ場から車で十分ほど奥に入ったところにある、ブナ原生林に囲まれた神秘的な池だ。一周が三十分ほどの小さな池で、ブナの森を映している。鯉だろうか、池の中央で突然はね、丸い波が広がった。すると、鏡のような池に映っていた薄鼠《うすねずみ》色のブナの幹と若緑の葉が、モザイクの絵に見え、やがて波がおさまると、ブナの森を映したもとの鏡になった。

秋になって、再び鎌池を訪れた。年に二度ほど野山を一緒に歩く、十数人の山仲間とであった。池に映るモザイクになった秋のブナの森を見たかったが、あいにく深い霧で十メートル先が見えない。

ブナの葉が吹き寄せられた水辺でしばらく休んでいると、霧が晴れてきた。すると目の前に、ブナの森が見えてきた。淡い霧に霞む森はなんと深く見えるのだろう。小さな歓声があがった。

それから、私たちはブナの森の、池畔の細い道を一周した。霧にぬれた草木の香りがいい。人参《にんじん》色のオオカメノキの大きな葉に足を止め、薄柿や緋色《ひいろ》に染まったハウチワカエデの、まだ少し緑色を残した虫食いの葉の色合いを楽しんだ。

安曇野の秋

一昨年の秋の訪れは例年より十日ほど遅かったが、おどろくほど一気に紅葉した。

これが安曇野の秋なのかと思えたのは、急ぎで写真をたくさん選ぶ必要があって、一週間ほど家の中に籠《こも》っていたからであった。

作業を始めた十月二十五日には、窓から見える北アルプスの麓は緑であったのに、二日後にはなんだか香色《こういろ》がかってきて、作業を終えた六日目の朝には、もうすっかり秋色になっていたのである。

何十億、いやそれ以上の葉がいちどきに黄葉する——。自然はなんと神秘的なのだろう。

毎年、紅葉の季節は追われるように日ごと移動し、紅葉している場所だけを探して撮影して歩くので、紅葉までの変化の様子に気づかなかったのである。

支度をして、向かいの小熊山《こぐまやま》に向かう。黄葉したミズナラ、浅緋や柿色に染まったハウチワカエデ、亜麻色のウリハダカエデ、山は紅葉の真っ盛りだった。

ウリハダカエデがあまりにも綺麗なので、ザックからカメラを取り出し、画面の中央から少し左にフレーミングしてみた。しかし、明るい亜麻色が浮いてしまって、バランスがとれない。少し左に移動して、ウリハダカエデの右にシラカバの白い幹を入れてみる。すると、画面が落ち着いた。

やっと撮影できると思ったら、風が強くてシャッターが切れない。ちょっと、いらだった。ふと足もとを見ると、ドングリが落ちていた。ミズナラのドングリだろう。少し大きめで、ウロコのカップをかぶっている。周りには掌状《しょうじょう》や長楕円形の落葉が敷き詰められていて、何と綺麗なことかと見とれた。そうしていると、落ち着いてきて、いろいろなものが見えてきた。

自然とは不思議なものだと思う。あせっていたり、頭が別のことでいっぱいだと、何も見えない。いや、目に映ってはいるのだが、何も感じられない。心が自然に解き放たれていてはじめていろいろなものが見えてくる。だからハンターのように、撮ろう、撮ろう、と思ってもよい写真が撮れたことはないのである。

さらに登って、安曇野が見える稜線にでた。真下に木崎湖が紺藍の水をたたえていた。その先に、秋色の安曇野が続いていた。

千国《ちくに》街道

コスモスがまだ花をつけている十月中旬、塩の道と呼ばれる中世の古道・千国街道の、千国宿から栂池《つがいけ》高原の親《おや》の原《はら》までを歩いた。道端にはもう、ドングリがころがっていた。サラシナショウマの、上半分は白い花が咲き、下は緑の実が連なっている花穂に、ゆく花の季節が感じられた。風が吹くと、その花穂が大きく弧を描き、少し黄葉したミズナラ林が一斉に騒ぎだした。

牛方や牛馬が喉《のど》を潤した、弘法《こうぼう》清水《しみず》と呼ばれる親坂の水場に着くと、苔《こけ》むした石の水槽に清水がそそがれていた。大きな石の端に丸い穴があけられた牛つなぎ石が、なかば草木に埋もれていた。

弘法清水をくんで飲みながら、越後から信州へ、また信州から越後へ向かった往時をしのんだ。

千国街道は、信州松本と越後糸魚川を結ぶ中世の交易路であった。越後からは塩、魚などの海産物が、信州からは木材、麻、和紙などが運ばれた。

この街道沿いには、塩島、塩坂など塩にちなむ地名が今も残されており、海のない信州にとって、塩がいかに貴重であったかがうかがえる。

戦国時代、越後の上杉謙信が敵の武田信玄の領民に塩を送ったという故事が伝えられているが、その塩が運ばれたのもこの道であるという。

塩の道まつり。

五月はじめの連休に、昔の旅姿をした人たちが集まって千国街道を歩くまつりだ。

まつりの行列は、宿場町の面影を残す小谷《おたり》村・下里瀬《くだりせ》を出発し、カラマツやミズナラ、ホオノキなどが芽吹きはじめた山裾の道を南に向かう。塩俵を背負った歩荷《ぼっか》、ちょんまげの浪人、牛をひいた牛方、みんなの素晴らしい笑顔が印象的だった。昔の旅姿をしているだけでも心が躍るのだろうが、小さな峠を越え、カラマツやミズナラの森を抜け、雪解け水が音をたてて流れる沢にかかる橋を渡ってゆくことの心地よさだろう。平地に出ると、雪を冠した北アルプス・白馬連峰が見えていた。

まつりに参加するのも楽しいが、一人で訪れる千国街道もいい。一人で歩くと、道端に咲く小さな花に足を止めたり、腰をおろし、いつまでも風に吹かれていられる。

野山を歩いて自然を撮影することを仕事にしているが、古道を歩くと、高原や高山とはまた違った魅力を感じる。野仏や馬頭観音が路傍《ろぼう》に佇《たたず》んでいるからだろうか。風や沢の水音が聞こえる、森の中の千国街道が気に入っているからだろうか。

星の降る里

初冬の美ケ原の王ケ頭へ、星を撮影に行った。

残照に浮かんだ槍ケ岳《やりがたけ》や穂高連峰の空に、星がきらめきはじめている。たなびく雲の下に、安曇野の灯が見えている。やがて夕闇がせまって、星が数を増してきた。星空と人里のはざまで、なんだか夢の中にいるような気がした。

星空を眺めていると、夢か現《うつつ》かわからなくなることがある。広大無辺で、静かであるからだろう。

また、星空を眺めていると、一度見た映画を再び見ているように、以前に同じことがあったように思えてならない。それは星空を見ているときに限って体験するのだけれど、そう思えたのは一度や二度ではなかった。単なる既視感《きしかん》でもない。深淵な宇宙に吸い込まれてゆくような陶酔感がある。

安曇野の周辺には、特別に星が綺麗に見えるところが幾つもある。

たとえば青木峠。安曇野と上田市を結ぶこの道は、人々に忘れ去られたように、車は滅多に通らない曲がりくねった峠道が続いている。自然に恵まれていて、北アルプスの眺めが素晴らしい。そして何よりも、星が綺麗だ。

灯ひとつ見えない峠道を通っていると、夜がこれほど暗かったかと思う。煌々《こうこう》とまたたく大きな星がたくさん見えている。私は車を止め、ボンネットにもたれて、しばらく見入った。最初は真暗に見えていた星空が、しばらくするとわずかに藍色がかって、木々がシルエットに見えてくる。

月の光で空が深い群青《ぐんじょう》に見える星空を見たこともある。冬の寒い夜だったが、山や森がモノトーンに見え、とても神秘的だった。子供のとき故郷の九州で見ていた、なつかしい星空だった。

星空を眺めていると、今までに本で読んだ、いろんなことが頭をよぎる。たとえば、地球は太陽系の仲間の星とともに、直径十光年の渦巻状の銀河の中にあって毎秒二百五十キロのスピードで回転しているのだが、一回転するのに二億年もかかるという。

また、銀河には恒星だけでもおよそ二千億個がひしめいていて、天の川と呼んで見ているのがその星々であるという。これだけでも気が遠くなりそうであるのに、そのような銀河が、この宇宙には星の数ほどあるという。

冬の安曇野

凩《こがらし》が吹くようになると、雪がいつくるのか気にかかる。里の山の雑木林はまだ少し枯れ葉が残っていて、暖かい赤朽《く》ち葉色に見える。田畑の畦《あぜ》道では、短い茎からたくさんの葉を放射状にのばして地に張りついた、タンポポやオオマツヨイグサのロゼットを見かける。

十二月に入ると、北アルプスを飲み込んだ鈍色《にびいろ》の雪雲が現れ、シベリアの寒気団が目の前までやってきたことを知らされる。冬一番とも呼ばれる寒波であり、気温が一日で十度以上も下がることがある。

近年、十二月や一月に雨が降ることが珍しくなくなった。モノトーンの野山に白い糸をひくように降る雨で、実にほそぼそとした気持ちにさせられる。

大町《おおまち》市へ移り住んだ十九年前、屋根に降り積もった雪が六十〜七十センチにもなり、雪おろしをした。家の北側では、おろした雪が屋根につかえそうな年があった。そのあと雪晴れが続くと、軒先に一メートル以上のつららがずらりと並んだ。この十年、そのようなことがなくなったので、当時のことが夢のように思える。

雪が少なくなったのに対し、霧に包まれることが多くなった。安曇野を覆《おお》う霧は、気温が急降下する十一月ごろによく見られる現象だが、真冬でも珍しくなくなったのである。冬が暖かくなったということなのだろう。どんよりした霧に包まれる安曇野も風情はあるのだが、やはり冬に雪がないときはさびしい。

雪の山を歩くのに、スノーシューを愛用している。スノーシューは西洋の大型カンジキであり、かかとが上がるので歩きやすい。防寒靴をはいてこれを付ければ、雪が積もった森の中を自由に歩けるのである。底に大きなツメが付いているので、少々の登り下りはなんでもない。以前、和カンジキで、雪の斜面を大変な思いをして登っていたことを考えると、とても楽になった。

雪の山の中は非日常の世界が広がっている。たとえば林の中に入ると、想像以上に静かであることに気づく。その静寂を切り裂いて、ジェー、ジェーとカケスが鳴く。サササーと、小さな乾いた音とともに枝に積もっていた雪が落ちてくる。最初に落ちる固まりより、後から尾を引いてゆっくりと静かに落ちてくる粉雪の何と美しいことか。陽を透かして光り輝きながら十秒ほど見えるのである。

安曇野に住むようになって、冷え込んだ日に降る雪は小さくて、さらさらしていることに気づいた。スノーシューでも深く沈み覆いかぶさってくるが、少しも重くない。

暖かいときは牡丹雪になる。みるみる積もってゆく。しかし水雪であり、日が差せばすぐに解けてゆく滑りやすい雪だ。

初雪、新雪、根雪、細雪《ささめゆき》、深雪《みゆき》——、雪の呼び名が数えきれないほどある。雪国とそうでないところでは雪への思いは違うだろうが、その言葉が冬の静謐《せいひつ》を象徴しているように思える。

雪しぐれ

冬を待つ晩秋の安曇野は、一年の中でいちばん寂しい感じがする。

冷え込んだ朝は、地表の熱が奪われて霧がたちこめ、刈田も人里も霞んで見える。釣瓶落《つるべお》としと言われる夕日は、午後の四時ごろに北アルプスに沈んでゆく。燃えるような夕焼けになることは滅多にない。クチナシ色というか、赤みがかった香色に染まるくらいである。

異常気象によるものか、初雪が遅くなった。十数年前は、北アルプス山麓の雑木林が黄葉する十月二十日ごろに雪が降った。近年そのような情景を目にすることがなくなり、初雪があるのは晩秋になってからである。

このとき私はあまり遠くへ取材に行かないで、北アルプスに雪雲がやってくるのを注意ぶかく見ている。晩秋の森に降る雪ほど、ものの哀れを感じる情景はないからである。もう数年前になるが、名残りの紅葉に積もった初雪の写真が撮れた。

雪雲に飲み込まれた北アルプス山麓の森に鈍色の縞《しま》模様がかかっていることに気づいて、きっと麓は雪が降っているにちがいないと思った私は、向かいの高瀬渓谷《たかせけいこく》へ急いだ。

果たして、渓谷へ近づくに従って雪がちらついてきた。車を走らせていると、すべての雪が車の窓に吸い込まれるように見える。高瀬渓谷に入るために、大町ダム付近の雑木林で車を降り、カメラザックを背負って歩いた。雪は雪まじりの雨となっていた。

コナラやカエデの葉がわずかに残った木々が目に止まった。細い木々ではあったが、終わりゆく紅葉の、寂しさを湛えた美しさがあった。錦繡《きんしゅう》の紅葉では味わえない無双の美しさである。このような情景との出会いを、いくら望んできたことだろう。他に撮影したいものもあるが北アルプスの麓から離れられないのは、この景色に出会いたいがためであった。

雪は止んで、薄日が差してきた。私はカメラをセットしながら、その美しさに見とれた。無秩序にからみあった木々がぬれて、黒く光っていた。珊瑚色、浅紺、退紅《たいこう》色の紅葉がわずかに雪を載せていた。

氷の造形

安曇野の冬は晴天の日が少ないことから、氷の造形など、小さな自然を撮影に行くことが多い。

葉を落として静かに眠っているかに見える冬の山の中へ入ってゆくと、小さな沢の水辺でいろいろな氷の造形に出会う。

美ケ原山腹の、駒越《こまごえ》林道ぞいの沢でも、厳冬期に入ると氷ができる。物音ひとつない寒々とした山の中の流れに沿って、水晶を思わせるつららが何本も下がっているかと思えば、水面ひたひたに、文目《あやめ》や魚の鱗《うろこ》のような模様がついた氷が張っている。

目には冷たそうに見えるが、手を入れてみると、水は意外に暖かい。しかし、気温が低いので、岩に飛び散った水しぶきが凍っていた。

一メートルほどの小さな滝の脇にある岩には、水しぶきがつららになっていて、先端が互いにくっついて皿状になり、その皿にまた小さなつららがたくさんついているものがあった。木々の間から差す光に輝いていて、綺麗だった。

興味深いものは他にもある。たとえば、付近の岩に積もっている雪に細かい模様がついていたので、ルーペで見ると、ガラス細工の小さな木の葉が寄せ集められたように見えた。雪の結晶ではないから、たぶん、積もった雪の上にできた霜の結晶なのだろう。

冬の上高地《かみこうち》の大正池《たいしょういけ》で、興味ぶかい氷の造形に出会ったことがある。氷の中に気泡が入っていて、いろいろな形をしていた。徳利のような形のものが散らばっているかと思えば、大きな気泡の中に無数の小さな気泡が入ったものが点々とあり、銀河団を思わせる。おそらく、凍ってゆく段階で、下から気泡が上がって閉じ込められたものだろう。

星空に降る雪

九州生まれだからか、私は雪が降る情景に魅せられる。とりわけ、夕暮れの雑木林に降る雪は物語めいていて、見あきることがない。

雪は、ちらちら降っているかと思えば、辺りが見えなくなるほどに降る。わずかにシアンブルーがかった鼠色の林に降る雪の美しさ、その静けさ、その寂しさは、言葉でいい表すことはとてもできない。

雪が降りはじめると、私は、高瀬《たかせ》渓谷入口の、大町エネルギー博物館付近から葛《くず》温泉へ向かう道ぞいの森をよく訪ねる。ミズナラやコナラ、カエデなどの雑木林が続くこの道は、真冬でも除雪されているからだ。

この雑木林にはところどころ、裸木の中に枯れ色の葉をつけたカシワの木がぽつんとあり、吹雪かれてカサカサと小さな音が聞こえてくるときは、ひときわ景色が物語めいて見える。カシワは枯れ葉を付けたまま冬を越し、翌年、若葉が出る前になってから散ってゆく。冬柏と呼ばれ、葉守の神が宿っているという。

冬、雪とともに楽しみにしているのが星空だ。シベリアの寒気団が流れ込んで荒れた直後の晴れた夜は、高山で見る星空に負けない数の星がちりばめられる。その中で、漆黒《しっこく》の空に青い星が寄りそう散開星団のスバルが、ぽっと青く光っていて目をひく。昴と書き、集まって一つになる（統ばる）の意味がつけられている。

冬の夜空に大きな鼓の形を描くオリオンにも魅せられる。今年の一月下旬に美ケ原の王ケ頭で撮影したときは、夜明け前の北アルプスに、右にかしいだオリオンが、少し欠けた月を追うようにして沈んでいった。

伝説によると、若くて美しい月の女神アルテミスに恋をした狩人オリオンは結婚をせまるが、アルテミスは友人である大地の女神ガイアに頼み、サソリを送ってオリオンを殺してしまう。毎夜、月と追いつ追われつ空をゆくオリオンは、今もかなわぬ恋に明け暮れているのかもしれない。

安曇野では、美しい星空に雪が降る。いちばん最初に見たのは移り住んで二度目の冬だった。その日に終えなければならない仕事の途中で睡魔におそわれた私は、眼を覚ますために外に出てみると、綺麗な星空なのに雪がちらついていることに驚いた。目を疑った。南西の空に鼓形のオリオンが輝き、その鼓の形をつくる左上の赤い星ベテルギウスと、その左にある小犬座のプロキオン、その二つの星座の下にある大犬座のシリウスで描く冬の大三角が真南にあった。雪が、その星空から音もなく降ってくるのだった。

三年前、私はあこがれて移り住んだ安曇野を「星の降る里」として描き、写真集にまとめた。その中に、星空に降る雪の写真を加えたかったが、撮影できなかった。安曇野に移り住んでから出会った自然現象の中で、これほど神秘的な情景はない。だから、いつか写したいと思っている。

その後も、星空に降る雪を幾度も目にした。これは、北アルプスに降っている雪が風に流されてくる雪であるとわかった。なるほど、そうであれば不思議ではないけれど、星空に降る雪の美しさを、私は忘れることはないだろう。日本海側と太平洋側の気象が入り交じって、四季を通して劇的な風光が繰り返される安曇野を象徴している。

第二章　春、花前線がとおる

姫川《ひめかわ》源流のフクジュソウ

安曇野に移り住んだ最初の冬（一九八一年）、朝起きると、部屋の窓ガラスに霜の華が咲くことに驚いた。雪国の、冬の寒さを知った。

暖かく感じられる日がやって来たのは、翌年の三月半ばになってからである。しかし、春の訪れはまだ遠い。春を待ち侘びる、雪国の人の気持ちが私にもよくわかった。

植物も春を待ち侘びていたにちがいない。ちょっと暖かい日が続くと、日当たりのよい畦道でヒメオドリコソウやハコベの花が咲く。わざわざ見に行くほどの花ではないけれど、出会うと、ほのぼのとした気持ちになれる。

三月下旬になると、白馬村・姫川源流のフクジュソウが咲きはじめるので、昨年も訪ね

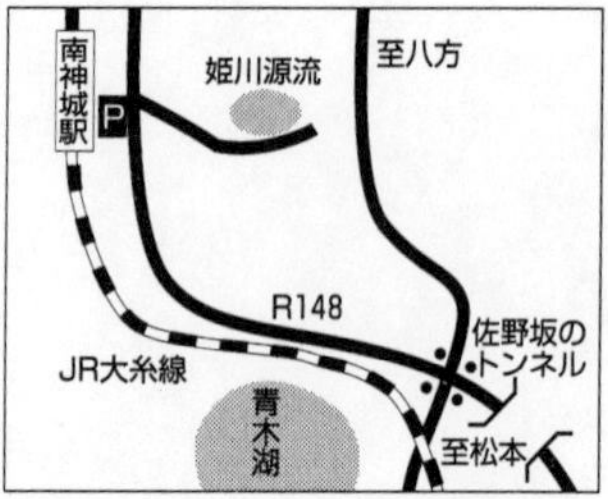

電車＝ＪＲ大糸線の南神城駅から徒歩11分。車＝長野自動車道豊科ＩＣから約1時間10分。問い合わせ＝白馬村役場国際観光課☎0261-72-5000

た。源流の大半は雪に覆われているが、根雪が丸く解けた穴の中でフクジュソウが咲きはじめている。周りが雪の壁になっているので、その壁に反射した光に照らされ、花は黄金色の金細工に、茎はアールヌーボーの燭台《しょくだい》を思わせた。凛《りん》としたその姿は、他の植物が地中で、顔を出そうかどうしようかと迷っているときに花を咲かせるいさぎよさが感じられる。

ふと、水の流れる音が聞こえてくるのに気づいた。フクジュソウばかりに気をとられて気づかなかったが、どこからともなく湧き出た水が木洩《こも》れ日に輝いている。寒さがゆるんで、少しは水温が上がっているのだろう。水辺に、濃い緑色のオランダガラシが生えてきていた。

私は立ち止まって、小さな水音を聞きながら、源流が長い冬の眠りから覚めて躍動する直前の、光に包まれた風光にしばらく見とれた。その雰囲気をどのように説明すればよいのだろう。それは、星空の美しさとか、夜明け前の美しさを、人に話すことのむずかしさに似ている。

四月に入ってから再び訪ねた。わずか半月ほどで、ずいぶん雪解けがすすみフクジュソウが一斉に花をつけていた。まだ小川ともいえない源流の小さな流れを挟んで、バレーボールのコートほどの群生地が二ヵ所あり、一周が二十分ほどの遊歩道で結ばれている。早春の林の色というのだろうか、周囲の雑木は冬芽が膨《ふく》らんで、梢《こずえ》が樺色《かばいろ》に見えていた。

群生地の中央にさしかかるとフクジュソウは、ニンジンそっくりの葉に花が覆われたもの、竹の皮のような鞘《さや》から葉を出し蕾《つぼみ》をつけたもの、芽が出たばかりのものというように、フクジュソウが雪解けを追って次々に咲いてゆく様子がよくわかる。


フクジュソウは、気温にとても敏感だった。寒い日や、気温が低い朝夕は花を閉じている。咲いていても曇ってくると、カメラをセットしている間に半開きとなってしまう。それは目に見えるほどの速さではないが、何度も経験した。閉じた花びら（ガク片）からは、風が吹こうが雨や雪になろうが、大事な蕊《しべ》を守りぬくのだという意志が感じられる。

この時期、春の雪に見舞われることがしばしばあった。フクジュソウは、一旦は雪に埋まるが、すぐに自分の周りだけ雪を解かし、再び黄金色の花を開く。汚れた根雪を解かして咲くときとは違って、純白の雪の中なので、ひときわ綺麗に見える。

実は、家から姫川源流まで車で三十分ほどであるのに、願ったようにはなかなか撮れなかった。だから、真白い春の雪の中で咲いている姿を撮影できたときは、何か大きな仕事をやりとげたような満ち足りた気持ちになれた。それまでに撮影したどのカットより、素晴らし

早春の姫川源流

い写真ができた。

福寿草家族のごとくかたまれり　福田蓼汀《ふくだりようてい》

フクジュソウは、元日草、賀正蘭とも呼ばれ、お正月を飾る花として、促成栽培の鉢植えが年末に売られている。栽培の歴史は古く、江戸時代には、二百種を超える品種がつくられたという。その中には、八重咲きの「福寿海」、ナデシコのように花びらの先が細かく裂けた「撫子《なでしこ》」、赤銅色《しゃくどういろ》の「秩父紅《ちちぶべに》」など、野生では見られない花があるという。そのような花を私は見たことはないけれど、フクジュソウは雪のそばで咲いている黄金色の花がいちばんだと思う。

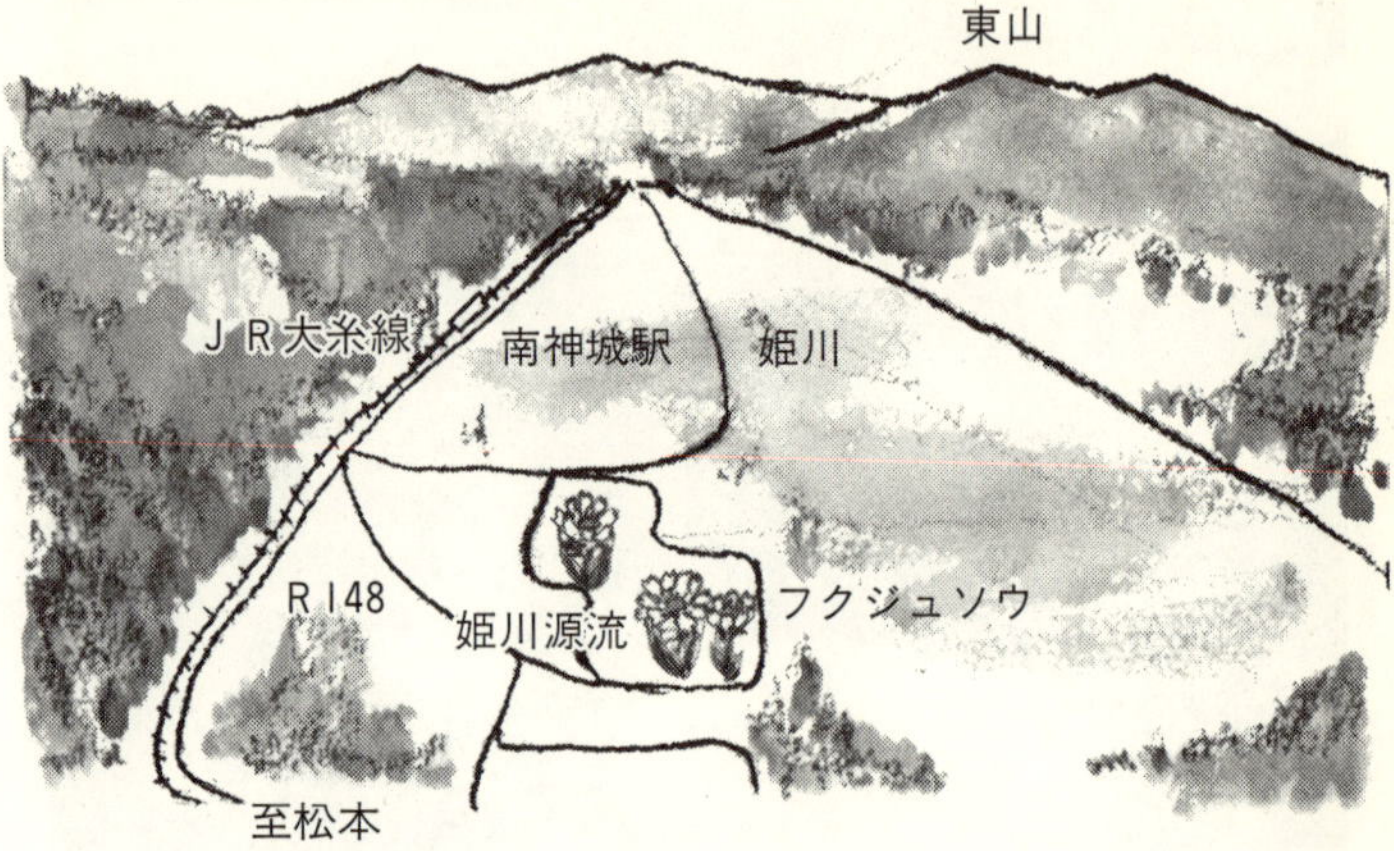

フクジュソウ（福寿草）　キンポウゲ科

お正月を飾る花として知られていますが、雪深い姫川源流では、三月末になってから咲きはじめます。花は黄金色で直径四センチ。草丈は、花が咲くころは十センチ、金米糖のような形をした緑色の実がつくころは二十〜三十センチくらいです。

花期＝３月下旬〜４月下旬

遠見《とおみ》尾根と五竜岳《ごりゅうだけ》の花

四月下旬になると、カタクリの花が咲く白馬村の五竜岳・遠見尾根に、ギフチョウの撮影でよく通ったものだ。

ＪＲ大糸線の神城《かみしろ》駅の脇から、五竜岳登山道につながるゴンドラの駅に向かい、ペンションが散らばる沢に沿って五百メートルほど歩いた地点。カタクリの花が群生しているカヤ場や雑木林が私の目的地である。

人影もほとんどない山の中で、六枚の花びらを空に立て、俯《うつむ》いたように咲くカタクリ。万葉の昔から愛されてきた花だけあって、見れば見るほど可憐《かれん》である。周りで咲くヒナスミレやヤマエンゴサクなどとは比べものにならない、あでやかな色と形。そこには、春の息吹き

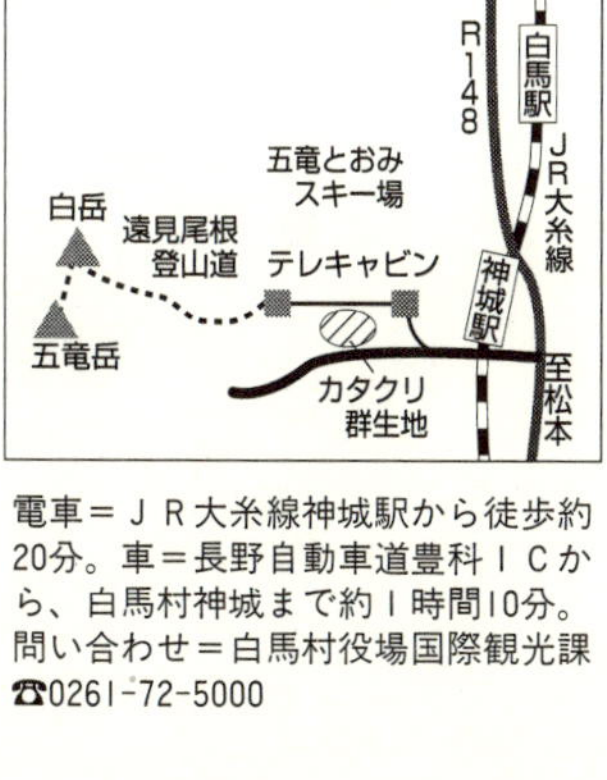

電車＝ＪＲ大糸線神城駅から徒歩約20分。車＝長野自動車道豊科ＩＣから、白馬村神城まで約1時間10分。問い合わせ＝白馬村役場国際観光課☎0261-72-5000

が感じられる。

そのカタクリの花から花へ、上に下に、右に左にとギフチョウが舞っている。私はさっそく撮影にとりかかったが、思ったより動きが速いものだから、望遠レンズで追うことができない。

センサーでも使わなければ撮影できないのだろうか。思案していると、近くでスキーの宿をしている小山さんという方から声をかけられた。蝶を撮影するのであれば、朝の方がよいというアドバイスをいただき、それが縁で、小山さんの宿へおじゃまして、お茶をご馳走になった。

話をうかがうと、小山さんは戦後の混乱の時代に、兄と力を合わせて北穂《きたほ》高《たか》山荘を建てた方だということがわかった。北アルプスでいちばん高所にある山小屋である。

この山小屋に私は幾度か泊まったことがある。山荘の前のテラスが、氷河の浸食でできた大キレット（切戸）と呼ばれる断崖に突き出ていたことや、そこから槍ケ岳の展望が素晴らしかったことを告げると、

「小屋を作るのに長さ十八尺（約五・五メートル）、重さ三十五貫（約百三十キロ）もある梁材《はりざい》をあそこまで担ぎあげたんですよ」

懐かしそうに話す小山さんの日に焼けた顔が、印象的だった。すでに六十をすぎているのだが、厚い胸板が、若いときの小山さんを想像するのに十分であった。

「ここにギフチョウが多いのは、近くの雑木林にギフチョウの食草であるカンアオイがたくさんあるからなんですよ」

小山さんの説明によると、ギフチョウは朝羽化《うか》すると、すぐ近くにある小枝などの先にはいあがり、羽が乾くまで静かにじっとしているという。そのときが、撮影のチャンスなのだそうだ。いちばん撮りたい飛翔《ひしょう》の姿は無理にしろ、羽化したばかりの、美しいギフチョウが確実に撮れるということを教えていただいた。

カタクリの花が終わった遠見尾根には、やがてコナラやイタヤカエデ、ブナなどが芽吹きはじめる。

八年ほど前のことである。五月の連休に春の雪が降ったことがあった。すでに雪が解けていた雑木林は、この雪で再び真っ白になった。

すると、まだほとんど冬姿である裸の木々がモノトーンの版画のように浮かびあがり、わずかに芽吹きはじめた葉が淡い緑の彩りを添えていた。コナラは若草色、イタヤカエデは緑がかった黄色、ブナは抹茶色。それぞれ微妙に色が違い、美しいコントラストを描いたのを今もよく覚えている。

春の雪がちらちらと降る遠見尾根の雑木林を歩いたこともあった。歩きながら、むかし芝居で見た、死を覚悟した相愛の男女が手に手をとって紙吹雪の中をゆく、道行《みちゆき》のシーンが思い出された。これで終わりというとき、桜の花が音もなく散ってゆくように、紙吹雪もまた、ものの哀れとか華やかさを甘美に感じさせてはくれるが、春の雑木林に降る雪は、それ以上であった。

遠見尾根から五竜岳へ、花の取材で幾度も登ったことがある。テレキャビンを降りてから六時間ほどの登りだが、五竜岳へ続くゆるやかな山道は、下ではお目にかかれない花にたくさん出会える。

初夏には、チューリップの花を一センチほどに縮めて下に向けた形の、アカモノの花がたくさん咲く。また、お盆のころには、淡いガスがたえ間なく流れる中、キキョウによく似た色のツリガネニンジンの花が静かに咲いていた。

稜線に出ると、頂上まであと一時間ばかりのところに五竜山荘が建っている。

山荘前の白岳沢《しらたけさわ》カールは、一面お花畑である。幾つもの帯状の雪渓が下に続いていて、その間の草地には黄金色のミヤマキンポウゲや、紅色の五弁の花をつけたハクサンフウロ、純白のハクサンイチゲなどがちりばめられ、さらに巨大なひとつの岩に見える五竜岳の頂上付近やキレット（切戸）小屋へ向かう岩場には、青紫色をしたミヤマオダマキが風に揺れていた。

長さ五ミリほどで、少し黄色を帯びた白色のコメバツガザクラの花が、岩の隙間《すきま》を飾っていた。

五月か六月ごろ、里から五竜岳を見ると、頂上の真下に武田菱《たけだびし》と呼ばれる雪形が姿を現す。かつてこの地を支配した武田家の割菱の家紋・御菱にそっくりの雪形であることから、御菱岳《ごりようだけ》と名づけられた。

ところが、明治の末期に、登山家として初めてこの山に登った三枝威之助が、御菱を当て字で「五竜」と書いて発表したことから、五竜岳となったという。にわかには信じられなかったが、ほんとうの話であるらしい。

ともあれ、五竜という名は、ひとつの岩がボコッと盛りあがって見える雄々しいこの山に、ふさわしいと思う。

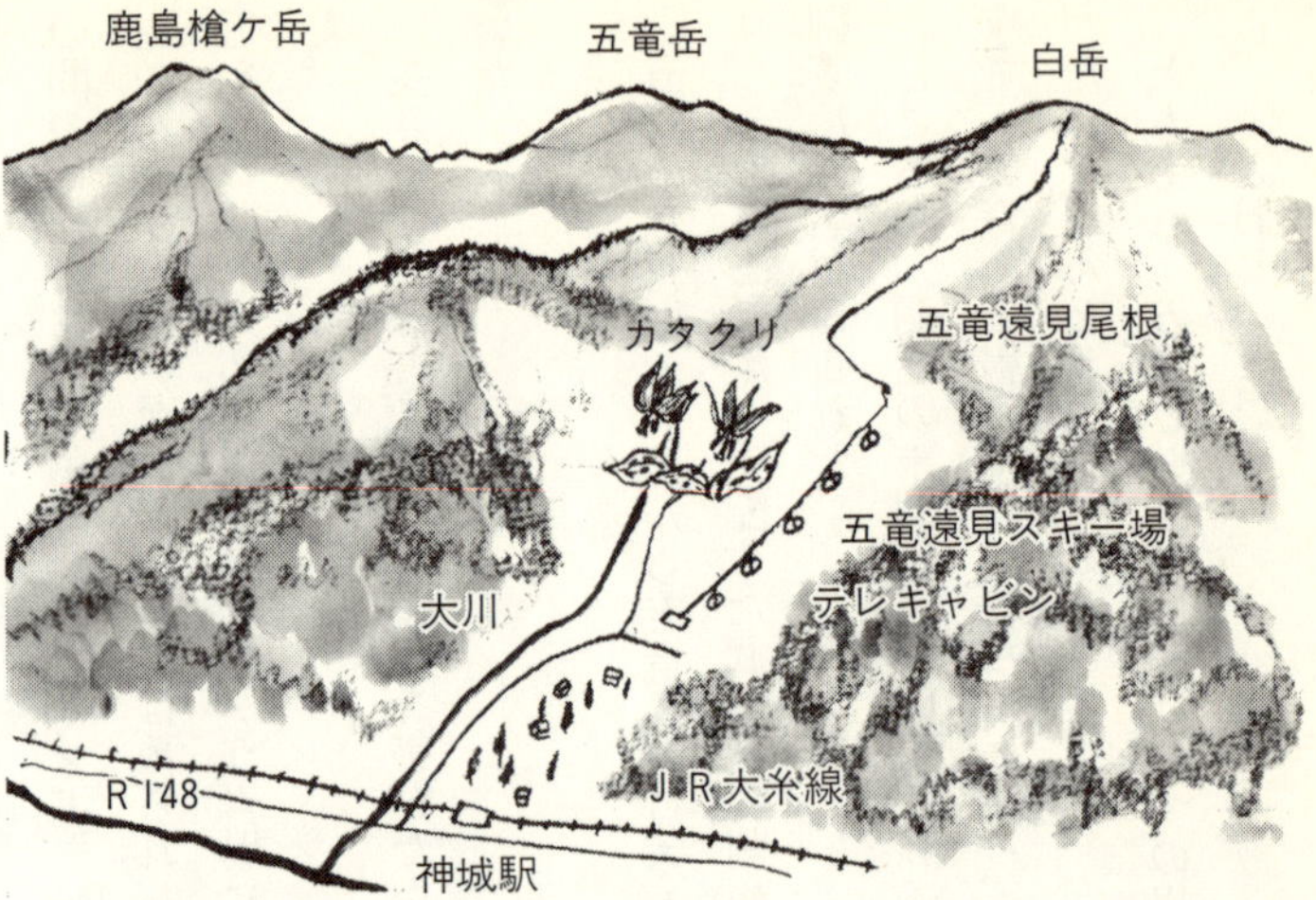

カタクリ（片栗）　ユリ科

安曇野では、スキー場のゲレンデや雑木林の中でいち早く咲く可憐な花です。草丈は十五センチほどで、直径四センチの淡紅色の花をつけます。花の形が傾いた籠に似ていることから、古くは傾籠の花と呼ばれていました。

花期＝４月下旬

居谷里《いやり》湿原の花

安曇野に移り住んだときから、大町市北部の山の中にある居谷里湿原に幾度通ったことだろうか。この湿原は、木崎湖の東側の中ほどにあるJR大糸線稲尾《いなお》駅から歩いて三十分ほどの、雑木林に囲まれた静かな山あいにある。

雪解けとともに顔を出すザゼンソウの撮影がいちばんの目的だった。四月の初めである。この時期は、移動性の高気圧が日本の南岸を通って暖かい日が二、三日続いたかと思えば、北の低気圧の接近で、すぐに冬に逆もどりする天気が繰り返される。

湿原入口の小さな駐車場に車を置き、遊歩道を五十メートルほど行くと雑木林の中を流れる小さな沢に突きあたる。この沢ぞいに、ザゼンソウがたくさん咲いている。私はそれまで

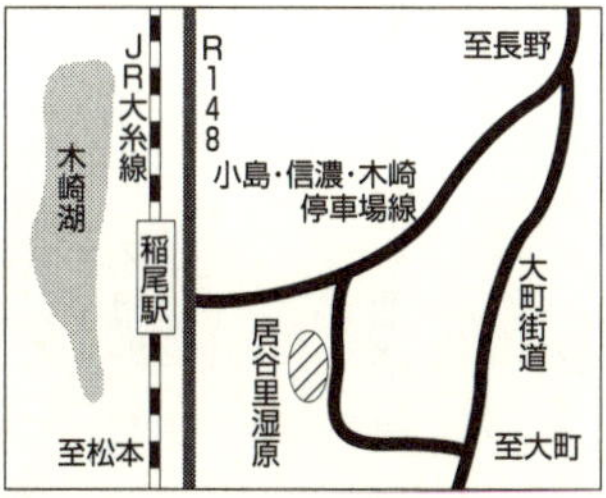

電車＝JR大糸線稲尾駅から徒歩で約30分。車＝長野自動車道豊科IC から約1時間10分。問い合わせ＝大町市役所観光課☎0261-22-0420

に、同じ形をしているミズバショウは栂池《つがいけ》自然園や鬼無里《きなさ》の群生地でよく見ていたが、苞《ほう》が暗紅色のザゼンソウは、居谷里湿原で出会うまで見たことがなかった。それだけに、初めてザゼンソウを目にしたときは驚いた。

最初に撮影したカットをよく覚えている。カメラを地に着くほどローアングルにセットした。そうすると、上から見るよりも形がよくわかるのだ。棍棒《こんぼう》の先のような形の花序《かじょ》には、黄色い花が文目に秩序正しくつき、その花序を暗紅色の苞が囲っている。

和名は、この形を、法衣をまとって座禅を組んだ達磨《だるま》に見たてたものであるという。緑がかった亜麻色のザゼンソウも見かける。達磨さんも、たまには色の違った法衣を着たいのだろう。湿原は南に長く伸びていて、こちらも流れに沿ってザゼンソウが咲いている。ミズバショウやリュウキンカと交じっているところもある。これという見どころはないが、訪れる人がほとんどいない、静かな森の中であることがいい。

六月に入ると、居谷里湿原の北側でサワオグルマが咲きはじめる。茎や葉に白い毛がたくさんあって、全体に優しい感じがする花だ。

滑空《かっくう》するように飛んでいたウスバシロチョウが、撮影しているサワオグルマに舞い降りたことがあった。シャッターを切るために長い間じっと風が止むのを待っていたので、蝶の目には私が映らなかったのだろうか。それとも、夢中になると、周りのことが見えなくなる私のような性格の蝶なのだろうか。淡いレモン色の羽を透《す》かして見えるサワオグルマが、ひときわ綺麗に見えた。

居谷里湿原のザゼンソウ

昨年の十一月、本書の地図の下絵を描くために、晩秋に訪れた。湿原全体が枯れ色に包まれている。遊歩道の脇では、琥珀《こはく》色の小さな実（さっ果）をつけたクサレダマや、茶褐色で長楕円形をしたカキツバタのさっ果が風に揺れていた。

帰りに、折りたたみの小さな椅子に腰かけて絵を描いている、七十歳くらいの男性に会った。この湿原の静けさと、雑木林の向こうに鹿島槍ケ岳《かしまやりがたけ》や爺ケ岳が見える景色が好きで、よく通っているという。私はあらためて晩秋の湿原を眺めながら、季節はずれもいいものだと思った。

サワオグルマ（沢小車）　キク科

日当たりのよい山間の湿地や湿原に生える多年草で、レモン色の花をたくさんつけます。茎は太くて白い毛がたくさん生え、柔らかな萌葱《もえぎ》色です。和名は、沢に咲き、花（舌状花）が放射状に広がって小さな車を思わせることからつけられたもの。

花期＝５月下旬

コブシの花と高瀬《たかせ》渓谷《けいこく》

槍ケ岳の北鎌尾根《きたかまおね》を挟む千丈沢《せんじょうざわ》と天上沢《てんじょうざわ》を源流に、北アルプスの峰々の水を集めて一気に大町市にそそぐ高瀬川《たかせがわ》。急流が続くこの川は、広い扇状地を形成している。

私はその扇状地の東の山裾（大町市）に、一九八一年に移り住んだ。家の前から、高瀬川に三つあるダムの、いちばん下流にある大町ダムが見える。

四月に入ると、この堰堤《えんてい》付近の山が、雪が積もったかのように白くなる。コブシの花が咲きはじめたのである。

コブシは和名で「拳」と書くが、その由来は、蕾《つぼみ》の形が手をにぎった「拳」に似ていることによるとか。雪に負けないほど純白の花をつけ、香りがとてもいい。しかし、高さ十数メ

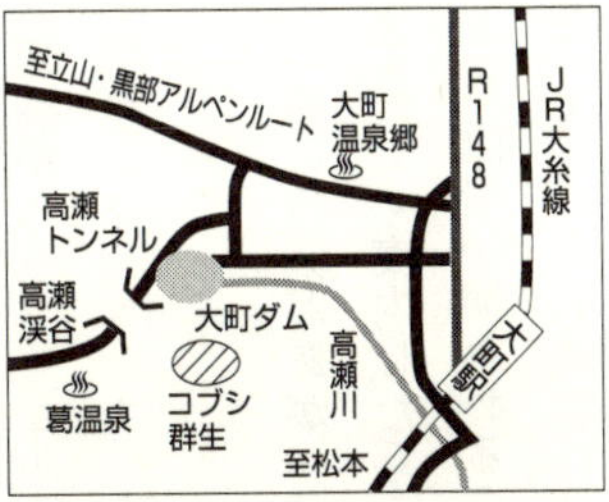

電車＝ＪＲ大糸線信濃大町駅から大町ダム行きのバスに乗り約20分のエネルギー博物館で下車、徒歩約20分。車＝長野自動車道豊科ＩＣから約１時間。問い合わせ＝大町市役所観光課☎0261-22-0420

ートル、いやそれ以上になるので、実際に香りを楽しむことはむずかしい花だ。

大町ダム湖（竜神湖《りゅうじんこ》）の展望台は、緑色を帯びた水色のダムと、ダムをとり巻く北葛岳《きたくずだけ》や七倉岳《ななくらだけ》など北アルプスの眺めが実に素晴らしい。家から近いので、たびたび私は訪ねる。コブシの咲くころはまだ寒くて、空気がピーンと張りつめているのが心地よい。

大町ダムができる十数年前まで、この付近の車道ははるか下を通っていた。コブシより半月ほど前の三月末ごろ、マンサクの花で雑木林の一部がレモンイエローに輝き、現在よりも華やかだった。ダムができると、道は百数十メートル高いところを通るようになりマンサクの花も見られなくなってしまった。

展望台から二キロほど上流に、竜神湖に流れ込む北葛沢の橋がある。そこから上流を見ると、まだ渓谷に入ったばかりなのに、急峻な山に囲まれた高瀬渓谷の険しさを感じることができる。

北葛沢を渡り、高瀬トンネルを抜けて数キロ走ると、川の脇に噴気があがっているのが見えてくる。葛温泉である。遠くから友人が来ると、私はここへよく案内したものだ。

川ぞいに続く最初の温泉が「仙人閣《せんにんかく》」。亀の甲羅を思わせる巨岩が横たわる露天風呂につかると、静寂ななかに、高瀬川の流れの音だけが絶えず聞こえていて心地よい。

少し上流にいくと、雑木林に囲まれた、「温宿かじか《おんじゅく》」の露天風呂がある。こちらは総檜づくりの立派な露天風呂で、客室が少ないことから、いつも貸し切りで入っているようなものだ。夜は林にほのかな明かりが灯され、幻想的な気分に浸ることができる。

高瀬渓谷は、七倉ダムから先は車では入れない。もうひとつ上流にある高瀬ダムを見たのは、北アルプスの最奥地である雲《くも》ノ平《たいら》や水晶岳《すいしょうだけ》からの帰りであった。ダム湖に流れ込む濁沢《にごりざわ》と不動沢《ふどうざわ》の砂地に、紅い小さな花をつけたネジバナが、ずいぶん咲いていたのが印象に残っている。ダムからは、槍ケ岳へ続く山々が見え、深い渓谷にしばし見入ったものだ。

コブシの花は、高瀬渓谷から直線距離で二十キロほど南の中房川《なかぶさがわ》渓谷でも見ることができる。里からは見えないが、渓谷に入ると間もなく、左側の山の斜面に群生しているのがわかる。

聞くところによると、東北では桜より早く咲くコブシのことを、「田打桜《たうちざくら》」とも呼ぶそうだ。安曇野では、コブシの花がたくさん咲く年は豊作になるといわれている。いずれにしろ、春の息吹きを感じさせてくれるコブシは、昔からそこに住む人の生活と深くかかわってきた花であることには変わりがないように思える。

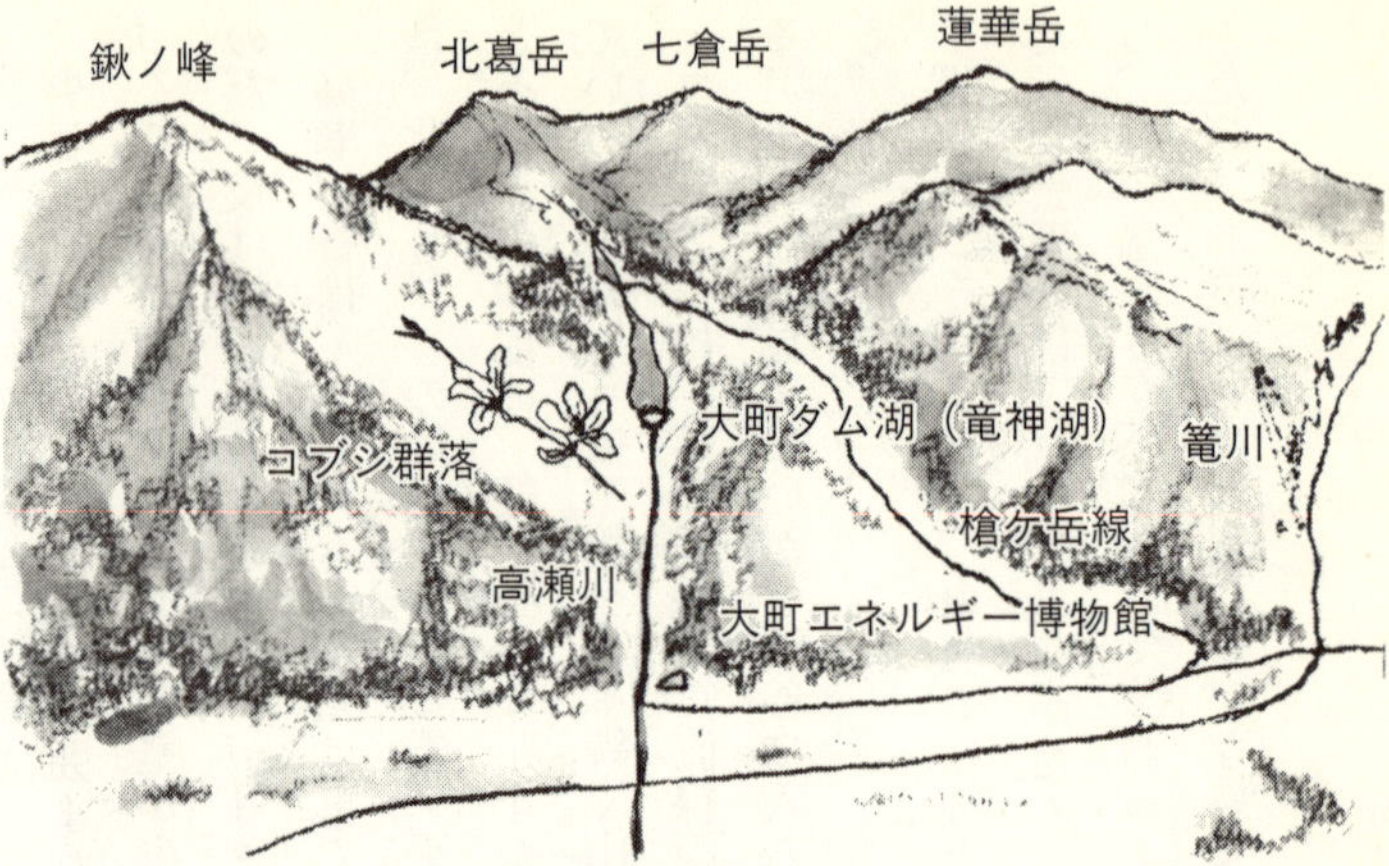

コブシ（辛夷・拳）　モクレン科

早春の雑木林で、直径十センチほどの、六弁の白い花をつけます。よく似た花のタムシバとの違いは、コブシの花の下に一枚の若葉がつくことで区別できます。和名は、蕾の形が手をにぎった拳に似ていることによるものです。

花期＝4月下旬

穂《ほ》高《たか》のワサビ畑

春は名のみの　風の寒さや
谷の鶯《うぐいす》　歌は思えど
時にあらずと　声も立てず

大正のはじめに安曇野にやってきた作詞家吉丸一昌《よしまるかずまさ》が、安曇野の遅い春を待ち侘《わ》びる人たちの気持ちを、鶯にことよせてつくった〝早春賦《そうしゅんふ》〟の詩である。

その遅い春がやってくる四月になると、安曇野を流れる川が集まった穂高町・御法田《ごほうでん》の「大王《だいおう》ワサビ農場」は、ワサビの花が咲き、大勢の観光客でにぎわってくる。

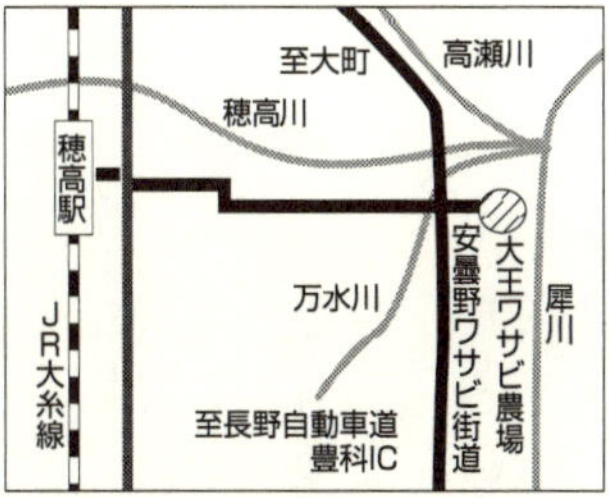

電車＝ＪＲ大糸線穂高駅からタクシーで約６分。車＝長野自動車道豊科ＩＣから約15分。問い合わせ＝大王ワサビ農場☎0263-82-2118

ワサビ漬などのお土産を品さだめする人、ワサビ畑の堤から北アルプスに見入る人、ワサビ畑の脇を流れる、万水川《よろずいがわ》にかかった大きな水車を懐かしそうに見つめる人。そういった人の多くは東京や名古屋、関西方面からバスやマイカーを連ねてやってくる都会人である。こういう光景を見るにつけ、あらためて安曇野という土地に、多くの人々がいかに魅せられているのかがわかる。

かつて、私もそういう一人であった。

だが、その安曇野も住宅などが増え、初めて訪れた三十年ほど前とかなり変わってきた。今も当時と変わらないのは、田んぼの向こうにそびえる、白い雪をいただいた北アルプスだけである。

その北アルプスの伏流水を利用して、安曇野のあちこちでワサビが栽培されている。その中で最も広く営まれているのが「大王ワサビ農場」である。一枚の畑で、テニスコートが十面もとれそうな広さがある。それが何枚もある。畝《うね》と畝の間を、清く澄んだ水が流れている。

ワサビ畑には遊歩道が設けられていて、畑の様子を見ることができる。ワサビの白い十字の花が咲くころは、付近の土手に、野草が蕾《つぼみ》を膨《ふく》らませている。

春の語源は、あらゆるものがハル（発）、あるいは木や草の芽がハル（張）というところからきたといわれる。また、英語の「スプリング」は、スプリガン（突然わき出る）が語源だという。

四月半ばの安曇野は、春の語源どおり、梅も杏《アンズ》も桜も、また、田畑の畔《あぜ》を彩る雑草も、みんないちどきに咲く。それは実に劇的で、すべての草花や木が申し合わせているかのようである。中でも私は、路傍に咲く小さな草花が、懸命に花をつけ、春の光を追ってゆく姿に心を奪われる。長く厳しかった冬を一生懸命耐えた、そして春を迎えた喜びの表情を感じるからだ。

いちばん北側のワサビ畑の堤に、ひっそりと道祖神が並んでいる。仲むつまじく手を取りあった姿が実にほほえましい。なかには酒器を持っているものもある。道祖神は、村境や峠などに置かれているのを見かけるが、悪霊を防ぎ、旅人を守る神だと聞く。

そこから、さらに北に歩くと万水川に出る。川の両岸や川の中州にヤナギの大木が点在し、大きなものは、直径五十～六十センチはあるだろうか。

この辺りが好きで、私はよく歩く。万水川の向こうはハンノキなど、手つかずの林が広がり、さらにその向こうには蝶ケ岳や常念岳などが見える。昔の安曇野は、こんなところではなかったかと思う。

かれこれ十五年ほど前のことだが、ワサビの茎をピリッと辛くつける方法を、肝っ玉かあさんを思わせるエプロン姿のにこやかな店員さんが教えてくれた。ワサビの花が咲く四月、この季節だけ「大王ワサビ農場」では、花や葉がついたままの茎を束ねて売っているのである。

「ワサビの葉と茎を三センチくらいに切って、鍋の中に熱湯をひたひたまで注ぎ、落としぶたをかけ一晩つける。それから軽く水を切り、コーヒーの空瓶などに詰め、醬油一、酢一、酒一の割で混ぜたものを加える。冷蔵庫に入れ、二週間もすると、ピリっとしたおいしい漬物ができる」

おいしくつくるには、熱湯をひたひたに注ぎ、落としぶたをかけ一晩つけるところがポイントらしい。

酒粕に漬けたワサビとは違った味で、飲んべえの私には欠かせない酒の肴《さかな》である。だからワサビの花を見るのも楽しみだが、このワサビの茎を買って帰るのが毎年恒例になっている。

春の味覚は他にもある。ワサビ畑のある御法田の畔道には、ナズナ、オギョウ（ハハコグサ）、ハコベなどの春の七草が咲く。ナズナはお浸しにすると、素朴な味がして、これがまた酒の肴に欠かせない。

ナズナは、白い小さな花が咲き終わると、三味線のバチに似た果実ができることからペンペングサと呼ばれる。子どものころ、その実を茎の下側に引っ張ってぶらさげ、耳元で振って、小さな音を聞いた覚えがある。

食べられることを知ったのは、もう十年ほど前に、エッセイストの熊井《くまい》明子《あきこ》さんと安曇野の本をつくる仕事をご一緒したとき、熊井さんがナズナのお浸しの作り方をその本の中に書いたからである。

春になって、さっそく試してみた。その味を説明するのは難しいが、セリと同じように、野の味がした。

ワサビの花が散る五月の初め、「大王ワサビ農場」にはヤマブキの花が咲き、万水川のヤナギの大木もしだいに、淡い黄緑色に染まってゆく。

田んぼに水が張られ、北西にそびえる爺ケ岳に種を蒔く爺さんの雪形が現れてくるようになると、咲き競った草木の花は、ワサビの花とともに散って、安曇野は春から夏に変わってゆく。

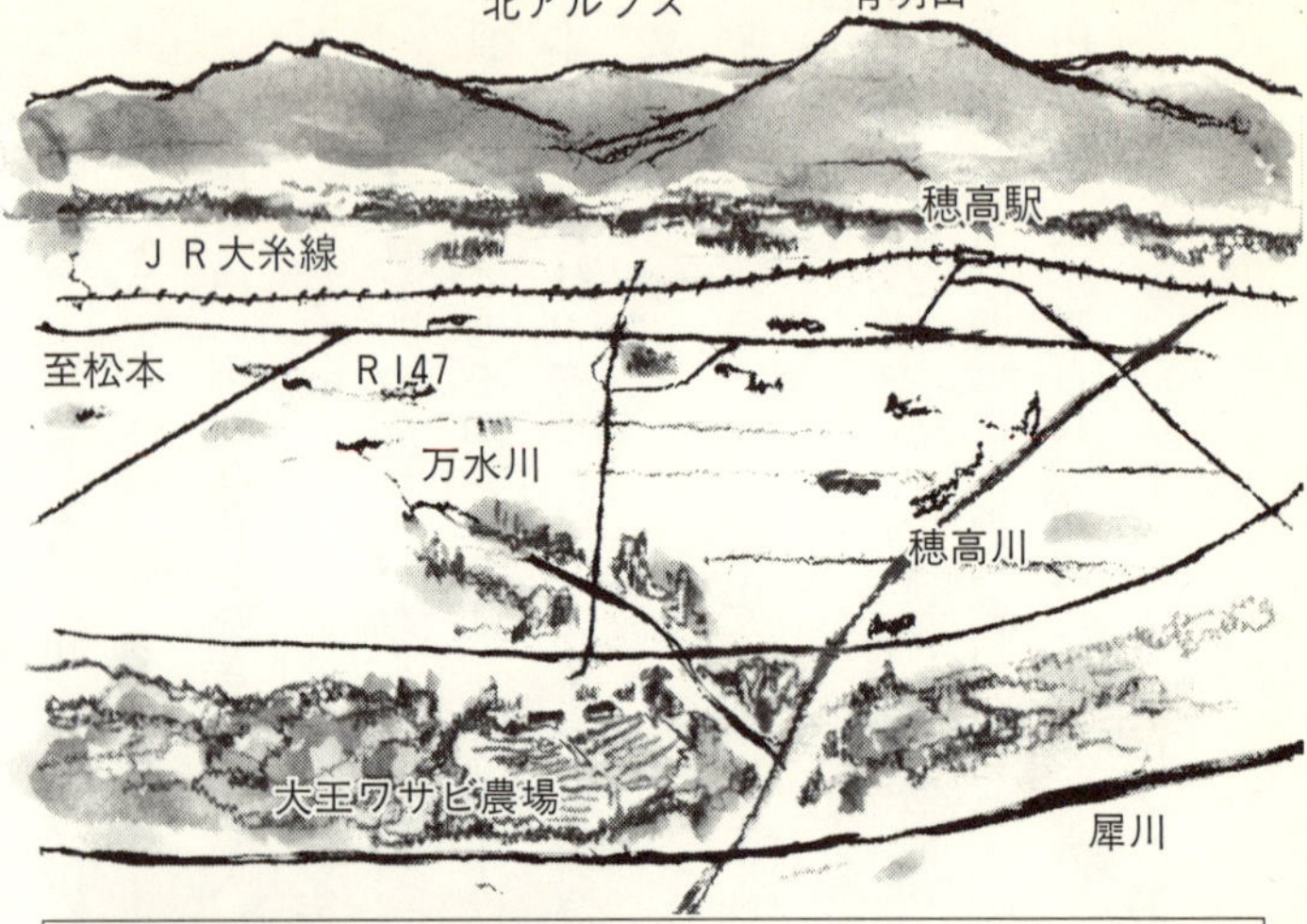

ワサビ（山葵）　アブラナ科

深山の、綺麗な水が流れる渓流の水際に生える植物です。安曇野では、北アルプスの伏流水を利用して、穂高町や豊科町を中心に栽培されています。草丈は三十〜四十センチ、花は白い十字花で、茎の上部に総状に咲きます。

花期＝３月下旬〜５月上旬

安曇野のレンゲ畑

長野自動車道の豊科《とよしな》インターチェンジ近くに「安曇野スイス村」と呼ばれる観光施設があるが、五月の半ばになると、ここにレンゲ畑が出現する。

北アルプスを背景に、このレンゲ畑を撮るといかにも安曇野らしい絵ができる。前を通るたびに、いつもそう思うのだが、どうもうまく撮れない。やはり、通りすがりに立ち寄っただけでは難しいのだろうか。朝は順光線でレンゲの花の輝きが感じられないし、午後は北アルプスに春霞がかかってしまう。

写真を撮る人なら、たいがいの人は花を撮影したいと思うだろう。しかし、私のレンゲ畑の撮影のように、通りすがりにシャッターを切っていたのでは、なかなか気に入ったものが

電車＝ＪＲ大糸線穂高駅からタクシーで約15分。車＝長野自動車道豊科ＩＣから約６分。問い合わせ＝穂高町役場観光課☎0263-82-3131

撮れない。

実は自己反省をしながら書いているのだが、花の写真というのは、気象条件、光線のとり方、構図、色合いなどがたいへん難しいのである。

なんだか写真講座みたいだが、これは見るだけであっても、同じことがいえると思う。じっくり腰をすえて見ないことには、ほんとうの花の素晴らしさをわかることができない。

レンゲソウは、蓮華草と書くが、小花《しょうか》が輪状につく様をハスの花に見たてつけられたという。昔は肥料にするために、イネを刈ったあと種を蒔き、それが春の田んぼを一面に彩ったものだ。

もう亡くなられたが、終戦の年に安曇野に移り住んだ写真家・田淵行男《たぶちゆきお》氏が、一九七七年に出版された『信濃路—文学と風土の旅』（学研）の中で、レンゲ畑のことを次のように書かれている。

安曇野を思う時私の心に真っ先に浮かんでくるのはれんげ田の美観である。豊かな残雪をべっとりと塗りつけた常念から遠く白馬につづく山際まで敷きつめられた紫紅色の絨毯《じゅうたん》が、あの特有な香りと共に脳裡《のうり》に甦《よみがえ》ってくる。

春の安曇野

この本の中で田淵氏はまた、昔の安曇野のレンゲ畑を知る人が訪ねて来て、一緒にレンゲ畑をさがすのだが、今はもう見つけるのに途方に暮れるとも書いている。

二十年ほど前、すでに幻の景色になっていたのである。私が安曇野に通いはじめたのは今から三十年ほど前であるが、やはり、一面に咲くレンゲ畑を見たことは一度もない。

野道行けばげん〱の束すてゝある　　正岡子規

子どものころの思い出だが、大分県の片田舎である私の家の周りの田んぼは、レンゲの花が一面に咲き乱れていた。昭和二十年代の後半である。小学校の行き帰りは、レンゲ畑で遊びながらであった。

何をして遊んだということを憶えてはいないけれど、レンゲ畑が続く情景は、昨日のことのように憶えている。寝そべると、柔らかくて、草の香りがしたのを忘れることはないだろう。

ワサビ畑で知られる御法田の、すぐ北を流れる穂高川の近くにも観光用のレンゲ畑がある。この辺りは北アルプスの眺めがとてもいい。

レンゲ畑の東の端には、NHKドラマ「水色の時」に出てきた双体道祖神が今も佇《たたず》んでいる。このドラマは、田淵行男氏がモデルであると聞く。

ここから東へ百メートルほど歩くと、幅三メートルくらいの小川が流れていて、子どもたちがよく釣りをしている。川床は深緑の藻に覆われ、ヤナギやハンノキを映している。ヤマメだろうか、十五センチくらいの魚が藻に隠れるように、じっとしていた。昔の安曇野が感じられる、数少ない場所だと思う。

私は野山を散策するとき、必ずルーペを持ち歩くことにしている。虫メガネでもよいが、私が使っているのは非球面レンズのルーペである。

非球面レンズは、周辺までピントが合うので目が疲れず、細部を納得ゆくまで観察できる。すると、いろいろな発見がある。たとえばレンゲソウであれば、輪状に集まった七〜八個の花のひとつひとつが蝶形であることや、その小さな花からは、蕊《しべ》が出ているのが見える。

近寄れない花を見るために、小さな望遠鏡も持ち歩いている。ルーペや望遠鏡を持ち出すと、友人から、まるで子どもだなと笑われることがある。笑ってごまかすが、実はルーペで見ると、マクロレンズを通して見るのと同じ感じで見える。つまり、見たい対象だけ焦点があって周囲は省略されてしまう。だから、カメラをセットする前に撮影対象を選ぶうえで、便利なのである。

また写真の話になってしまいそうだが、ルーペで花や葉などを見ると、形や色合いなど、興味ぶかいことがたくさん見えてくることは請け合いである。

穂高町の北どなりの松川村や大町市でも、ときおりレンゲ畑に出会う。山麓線と呼ばれる広域農道で、北アルプスのいちばん麓を通る道である。

場所によって名前があり、松川村の安曇野ちひろ美術館付近は〝スケッチロード〟、リンゴ畑や野菜畑が続く三郷《みさと》村は〝日本アルプスサラダ街道〟と呼ばれている。車で安曇野を走り抜ける道で、いちばん安曇野らしい風景が見られる道だと思う。

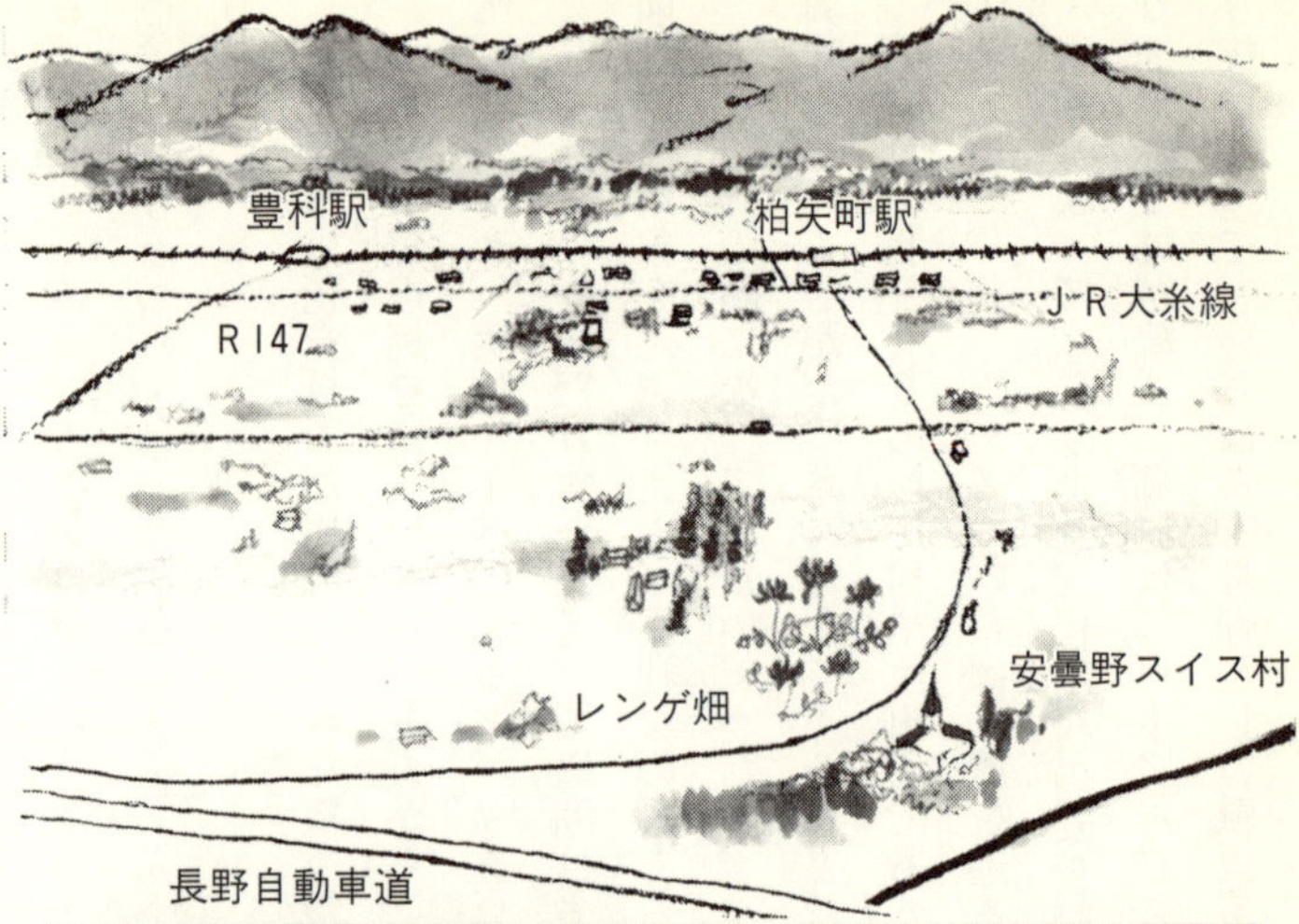

レンゲソウ（蓮華草） マメ科

紅紫色の小さな花がハス（蓮）の花のように集まって咲くことから、蓮華草と名づけられました。むかし春の田んぼ一面に植えられたのは、根に根粒菌が共生し、空気中の窒素を固定することから、緑肥になったのです。

花期＝5月中旬

安曇野の桜

安曇野の劇的な春の訪れは、ここに住んでみなければわからないだろう。四月半ばのある日とつぜん、その日はやってくる。

だから、毎年四月に入ると、その日が待ち遠しくてしかたがない。私は、雑木林で咲きはじめたマンサクや、黄色い葯《やく》が顔を出しはじめたバッコヤナギなどの撮影の行き帰りに里の様子を見ているのだが、春はなかなかやって来ない。子どものとき、指折りかぞえた正月を待つような気持ちである。

しかし、ある日出かけてみると、来てしまっているのに気づいて驚かされる。それまでの里とは違って、あらゆる草木の花が咲き、華やいでいるのだ。

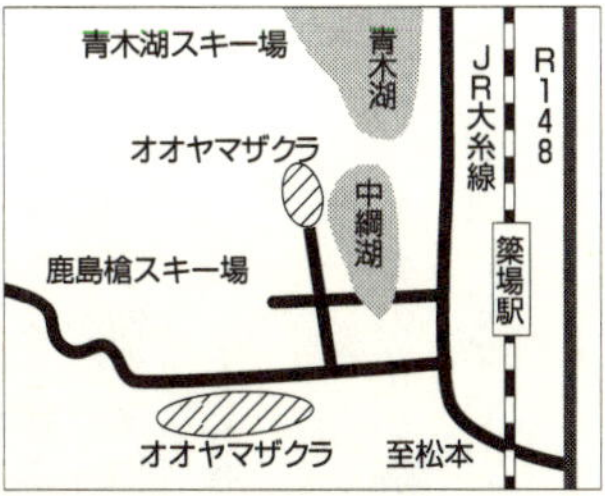

電車＝ＪＲ大糸線築場駅から徒歩で約10分。車＝長野自動車道豊科ＩＣより約１時間。問い合わせ＝大町市役所観光課☎0261-22-0420

安曇野の春がある日とつぜんやって来たように思えるのは、梅やアンズ、コブシ、桜などがいちどきに咲きはじめるからだろう。そのときこそ、長かった冬に終わりを告げる日であり、一年の中でもっとも華やかな日だと私には思える。

梅、アンズ、桜（ソメイヨシノ）が散る四月の末になると、オオヤマザクラが咲きはじめる。オオヤマザクラは、ソメイヨシノやヤマザクラよりも濃い紅色なので、ひときわ目立つ。里の雑木林に多く、大町市北部の中綱湖周辺でよく見かける。

芽吹きはじめたばかりの雑木に囲まれて咲いているものがあれば、白いコブシやイタヤカエデの黄緑色の花と並んで咲いているものもあり、それぞれに趣がある。

オオヤマザクラの中で、ひときわ色が濃いものをベニバナオオヤマザクラと呼ぶが、私は数年前、北安曇郡池田《いけだ》町の広津《ひろつ》を訪ねた際、この桜を見たことがある。宇留賀《うるが》・池田線と呼ばれる県道沿いに、古木が何本もある。その日は雲ひとつない晴天だった。私は枝ぶりのよいところを撮影しながら、空を埋める紅色の桜に見とれた。

黒味を帯びた焦げ茶の枝に、ソメイヨシノほど密ではないものの、五弁の花が端整な形をしていて、花びらは縁どりがされているように濃くなっていた。望遠レンズで引き寄せると、においたつようだった。

南安曇郡奈川《ながわ》村の入山《にゅうやま》には、ゴテンザクラ（御殿桜）と呼ばれるオオヤマザクラがあると聞き、昨年訪ねてみた。松本から上高地へ向かう国道一五八号線の、奈川渡《ながわど》ダムから左折して野麦《のむぎ》街道へ入り、間もなく再び左折すると昔の野麦街道が通る入山の集落に入る。ここからさらに十分ほど走った山の中である。

目ざした古木は山の斜面にあった。根本からたくさん分枝した黒い幹が、使いふるした竹ぼうきの先を立てた形をしていた。花をつけていないので望遠鏡を取り出してみたが、蕾らしきものが確認できない。どうしたものかと思案しているところへ、山仕事で通りがかった人が、

「ゴテンザクラなら、ここに来る途中の道沿いで咲いている。ここの古木は、以前は綺麗な花をたくさん咲かせたが、今はほとんど咲かなくなった」という。

少し残念な気もしたが、教えてもらった場所まで引きかえしてみると、直径が二十センチほどのゴテンザクラが並んでいて、濃い紅色の花をつけている。池田町広津のベニバナオオヤマザクラよりも色が濃かった。

近づいて見ると、花びらが紅いサンゴでできているような、不思議な桜だった。聞くところによると、ゴテンザクラは戦国時代、愛人と落ちのびる途中の高遠藩《たかとおはん》の侍が、入山の村人

に助けられたお礼に二粒の桜の実を残したものであるという。

野麦街道の山深い里にふさわしい話だと思った。遠くに、春霞がかかって眠そうに見える乗鞍岳《のりくらだけ》があった。

安曇野は、北アルプスの東側の麓に広がっている盆地である。意外に思われるだろうが、安曇野という地名はない。にもかかわらず安曇野がよく知られるようになったのは、臼井吉《うすいよし》見《み》の小説『安曇野』以来からか。臼井氏によれば、松本盆地の梓川《あずさがわ》より北側の、穂高町や豊科町を中心とした一帯を安曇野としている。

だが、私流に解釈すれば、北安曇郡や南安曇郡まで含めてもよいのではないかと思う。そのほうが、昔の安曇野の面影を色濃く残しているところがたくさんあるように思えるからである。

五月の中旬、オオヤマザクラが散った後の安曇野には、ゴボウテンのような形に小さな白い五弁の花が集まったウワミズザクラが、甘い香りを漂わせて咲く。

標高が高い栂池自然園に行けば、淡い紅色の可愛い花をぱらぱらとつけるミネザクラに出会うこともできる。また、上高地の河童橋《かっぱばし》付近には、青葉に隠れるようにミヤマザクラが咲く。こぶりで、清楚な白い花だ。

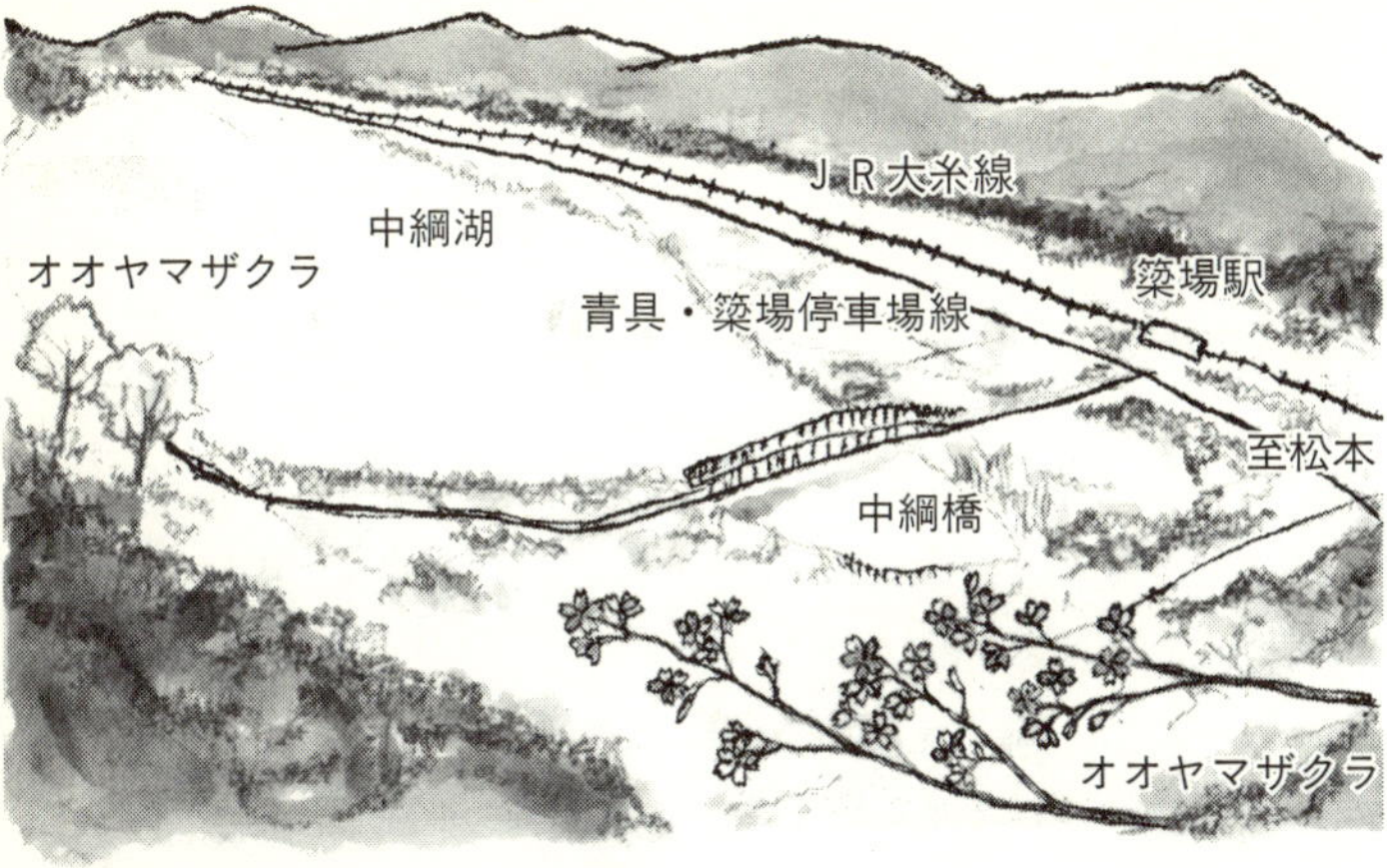

花期＝４月下旬

オオヤマザクラ（大山桜） バラ科

安曇野北部の、大町市や白馬村の雑木林でよく見かけます。普通の桜よりひと回り大きな濃い紅色の花なので、遠くからでもよく目立ちます。花が満開のときに茶色の葉が開きはじめますが、花があでやかなので、葉は目立ちません。

第三章　初夏、カッコウの鳴くころ

大峰《おおみね》高原・白樺の森の草木

電車＝ＪＲ大糸線信濃大町駅からタクシーで約20分。車＝長野自動車道豊科ＩＣから約１時間。問い合わせ＝池田町役場観光課☎0261-62-3131

五月も半ばになり、里の花が一段落すると山の花が気になりはじめる。

さて、今年はどこへ行こうか。思いあぐねて決心がつかないときは、まず、安曇野の東にある大峰高原に行くことにしている。

四角い鏡を何百枚も敷き詰めたように見える田んぼの向こうには、正面にどっしりとした餓《が》鬼《き》岳《だけ》がそびえ、左に信濃富士と呼ばれる有明山《ありあけさん》から常念岳、蝶ケ岳が、右には、ゾウの背を思わせる大きな尾根の蓮華《れんげ》岳《だけ》、種蒔き爺さんの雪形をまとった爺ケ岳などの山々が見える。

高原の中央は、ツツジの花が満開だ。芽吹きはじめたシラカバの木に、紅いツツジの花が映えて、趣がある。

コナシ（ズミ）の花も見かけた。近づいてみると、白い花びらの縁がほのかに紅く染まって、何ともいえない甘い香りがする。

林の中ではシュンランに出会った。五月の清々《すがすが》しい森にひっそりと咲いている。花は若竹色で目立たないが、清楚で気品があり、かすかにたちこめる香りに、思わず佇んでしまう。

花は、あでやかなものより地味な花のほうが香りがよいと聞くが、コナシやシュンランの花は、その典型なのだろう。カメラをセットしながらふと見上げると、木々の梢《こずえ》が空を見事に分けあっていた。

大峰高原の秋もまた、格好の散策の場である。薄柿色のカエデ、朽《く》ち葉色のホオノキ、芥《か》子《し》色のミズナラなど、派手な色合いではないけれど、秋の色に染まった一本一本の木が、風が吹くたびに笑っていたり、さわいでいたりしている。ときには、私に語りかけているようにも思え、私の心をどれほど休ませてくれることだろう。

晩秋もよく通った。

葉を落として冬の準備に入った木々の形が面白い。シラカバは小判形、大きな葉をわずかに残したホオノキは丸形、丸いドングリをつけるクヌギは傘を開いたような三角形、ひときわあでやかな柿色に染まっていたヤマザクラは、クヌギとは反対に、傘を逆さまに開いた形――それぞれが特徴ある樹形をつくる。

葉を落とした木々を冬木、寒林、冬木立などと呼ぶが、日本には美しいことばがたくさんあると思う。

晩秋の雑木林で、楽しみにしているものがある。それはいろんな形をした冬芽《とうが》、葉痕《ようこん》である。

冬芽は、木々が葉を落とすとき、その真上にある、来年花や葉になる芽のことだ。先が尖ったドングリの形に折りたたまれていて、綿毛のような毛のコートを着ているものが多い。

また、葉痕は葉が落ちた断面のことで、枝から葉へ水や養分が通っていた管のあとが幾つもある。その管のあとが人間や動物の目とか口に見える。それに冬芽の帽子が加わって、様々な表情をつくり出す。たとえば、赤い実をたくさんつけたガマズミはあどけない子どもの顔、オニグルミは優しいヒツジの顔にそっくりである。

傑作《けっさく》なのはシャクナゲで、目も鼻も顔の中央に集まっているものだから、ひょっとこの顔に似ていて、私はいつも見るたびに、思わず吹きだしてしまうのである。

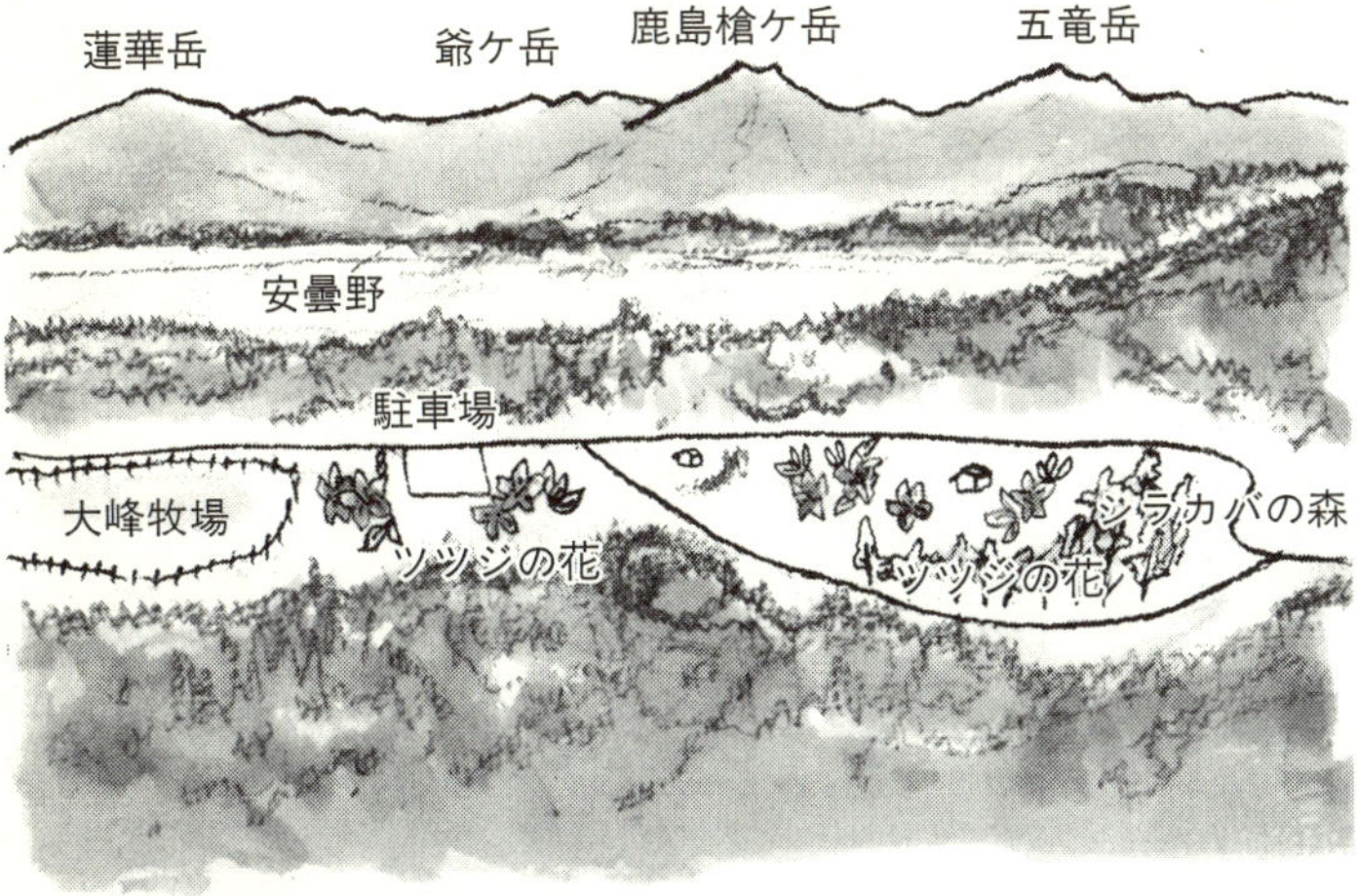

花期＝５月中旬

コナシ（小梨）　バラ科

雑木が芽吹きはじめる五月中旬から下旬にかけて、ほのかに紅色に染まった白い五弁の花をぱらぱらとつけます。とても香りがよい花なので、近くを通れば甘い香りに気づくでしょう。花の大きさは、桜や梅と同じくらいです。

落倉《おちくら》自然園のザゼンソウ

安曇野の田畑の畦《あぜ》が青む四月半ば、ありとあらゆる草木の花がいちどきに咲くものだから、私にとっては一年中で最もいそがしい時期だ。

冬の間に、春になったら撮影しようと思う花を調べ、回る順序まで決めていたはずなのに、一斉に花が咲きはじめると追われるばかりで、何が何だかわからなくなる。

ときおり計画表を見て、せめて必要な花だけは撮りこぼしのないように気をつけているのだが、それでも撮れない花が幾つもできてしまう。海老色の苞《ほう》が目をひく、白馬村・落倉自然園のザゼンソウがそうであった。

落倉自然園は、小谷村との境界線に近い、白馬連峰の麓にある。付近一帯はミズナラやハ

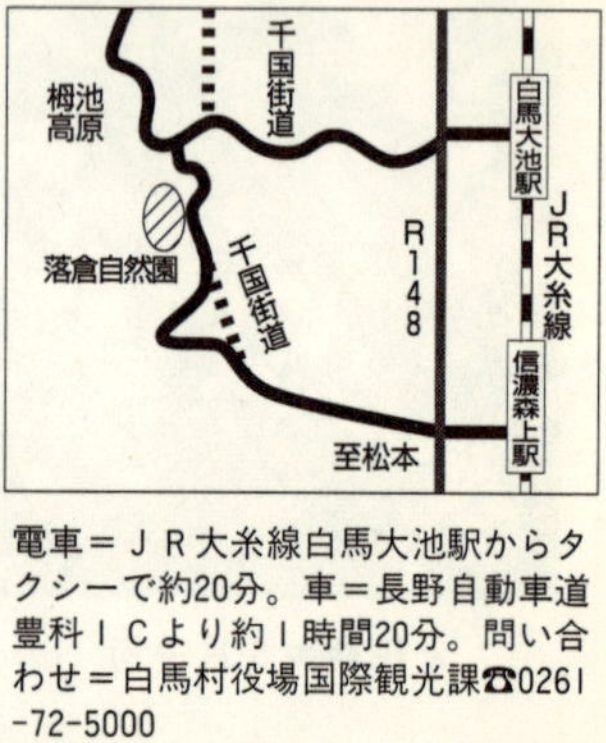

電車＝ＪＲ大糸線白馬大池駅からタクシーで約20分。車＝長野自動車道豊科ＩＣより約１時間20分。問い合わせ＝白馬村役場国際観光課☎0261-72-5000

ンノキ、シラカバなどの雑木林に囲まれている。

初めて訪れたのは安曇野に移り住んで間もない、十八年ほど前だった。それまでに北アルプスの麓はよく通っていたのであるが、この小さな湿原に気づかなかった。

四月の湿原には、海老色のザゼンソウと白いミズバショウが一緒に咲く。それほど広い湿原ではないので、木道を三十分も歩けば容易に一周できる。ときおり吹く風の音に木々を見上げると、煉瓦色の冬芽をつけたハンノキが、梢を淡い真珠色の空に立てていた。

湿原のいちばん奥に行くと、小さな社《やしろ》があるのに気づく。森の中になぜ社があるのだろうかと不思議に思っていると、右手の奥から子どもの声が聞えてきた。見ると、木々をすかして家が見えている。林は山へ続いていると思っていただけに、意外だった。

その後も撮影のために、落倉自然園を幾度か訪ねた。いずれもザゼンソウの咲くときであったが、全体が美しく咲いているときに、なかなか出会えなかった。雪が解けるとすぐに顔を出すザゼンソウは、霜に当たることが多く、海老色の苞が焦《こ》げ茶色に変わってしまうからである。美しく咲いているだけが花の姿ではないとわかってはいるのだが、撮影できないまま帰ることがしばしばあった。

湿原入口と書いた看板がある車道を南へ五百メートルほど行くと、北アルプスの方から吹いてくる暴風などを断ち切ったと伝えられる〃風切地蔵《かぜきりじぞう》〃が佇んでいる。

ここから道を隔てた右斜め前に、塩の道・千国《ちくに》街道が残っている。私は幾度も通ったことがあるが、落倉自然園がそうであるように、ここもタイムトンネルを通って中世にタイムスリップしたかと思える静けさだ。ミズナラやホオノキなどの木々が繁る森の小径が続いている。雪の重みから解放された落ち葉がクッションのように柔らかい。春に歩くのもいいし、枯れ葉が舞う晩秋も風情があっていい。

その千国街道を南に二キロほど歩くと楠川《くすがわ》が流れていて、川のほとりに〃おかるの穴〃と呼ばれる洞穴がある。聞くところによると、その昔、姑と仲の悪かった嫁のおかるが、氏神様のお面をつけて姑をおどしたところ、面がとれなくなって、この洞穴に隠れたという。

嫁と姑の確執は今も昔も同じなのだろう。氏神様のお面とはどのようなものだったのだろうか。面がとれなくなったおかるは、どんな顔の女であったのだろうか。きっと、美しい人であったに違いない。川のほとりにある、岩の割れ目のような洞穴を見ながら、私は勝手な想像をした。

昔の面影を残す千国街道は、落倉自然園の北側にも残っている。湿原から二キロばかり先に、前山《まえやま》百体観音と呼ばれる石仏群があり、弘法大師像などが松林の中に並んでいる。五月

塩の道まつり

の初めに行われる塩の道まつりのとき以外は、ほとんど人気のない場所だが、静けさの中に佇む柔和なお顔が、ときたま訪れる人の心をなごませてくれる。

塩の道まつりは、小谷《おたり》村、白馬村、大町市が主催する、塩の道と呼ばれる中世の古道・千国街道を昔の旅姿で歩く春のまつりである。

もう十年ほど前のことだが、塩の道まつりを取材したことがあった。当時五歳の息子を連れて行ったのはいいが、刀をさした侍や着物を着た娘たちを見てはしゃいでいたのも束の間、眠いとか、用を足したいとか、次々に難題を出してくる。子連れ狼のように、私は汗だくになって大変な思いをしたが、それも今となっては懐かしい思い出のひとつである。

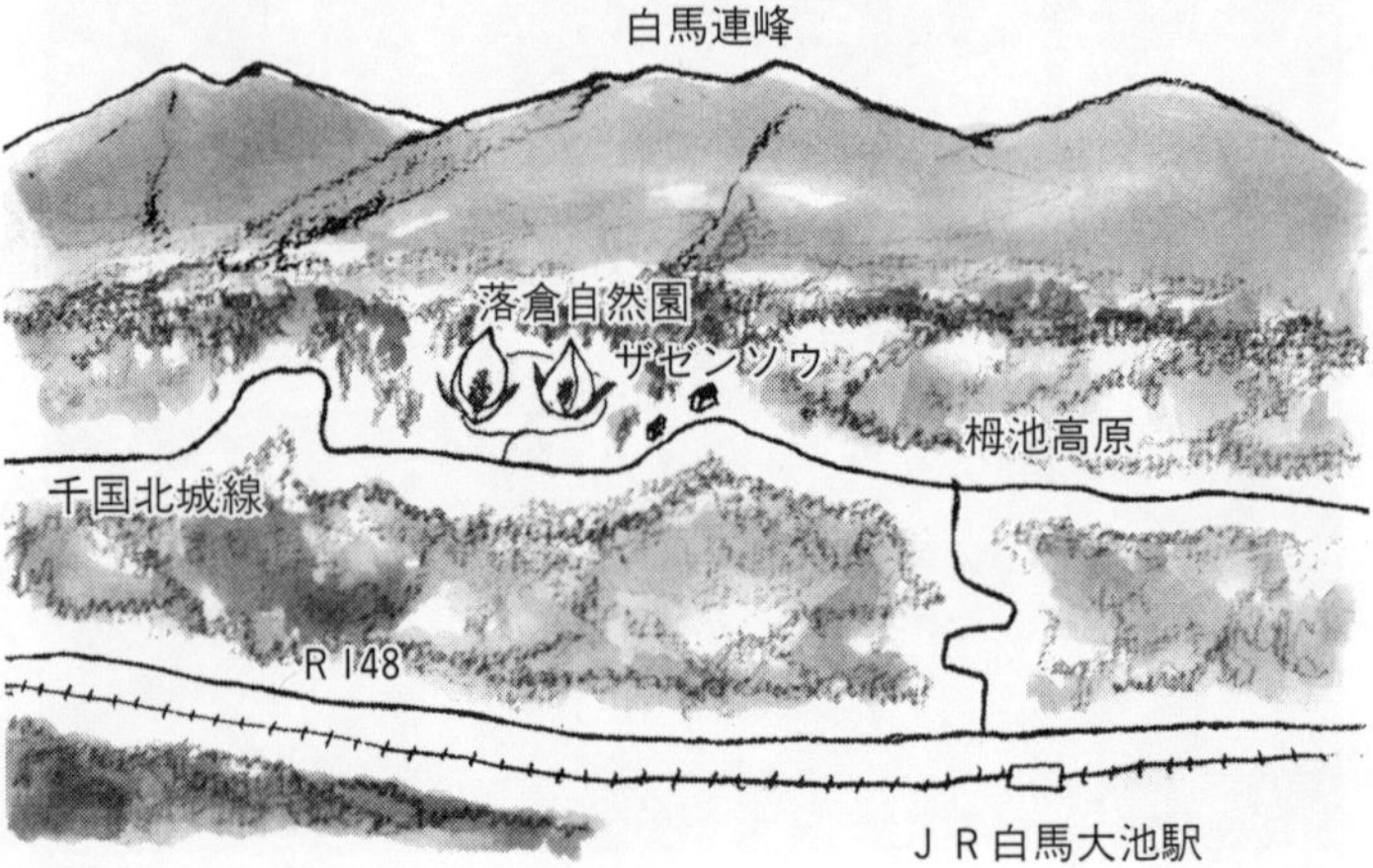

ザゼンソウ（座禅草）　サトイモ科

ミズバショウの仲間で、水辺や湿地を好んで群生します。赤レンガ色の仏炎苞《ぶつえんほう》に包まれた花軸に、黄色い小さな花が隙間なくついています。和名は、全体の形が、達磨《だるま》が座禅を組んでいる姿に似ていることによるものです。

花期＝４月中旬～５月上旬

親海《およみ》湿原に咲く花

花が綺麗に咲いているときを当てるのは難しいが、よい条件で撮影するのは、もっと難しくなる。

近くなのだから、何でもないだろうと、よく人に言われる。しかし、天気によって咲く時期が毎年違うので、ちょっと油断すれば花の盛りをすぎてしまう。間もなくだろうと気づいても、もう少し条件のよい日に撮影しようなどと考えていると、後で後悔することになる。だから、どうしても撮らなければならない花があると、気が気ではない。

白馬村に、カキツバタの花が群生する親海湿原がある。

カキツバタの青紫色の花に魅せられ、撮影によく通った。周囲の杉や雑木の林が、花を見

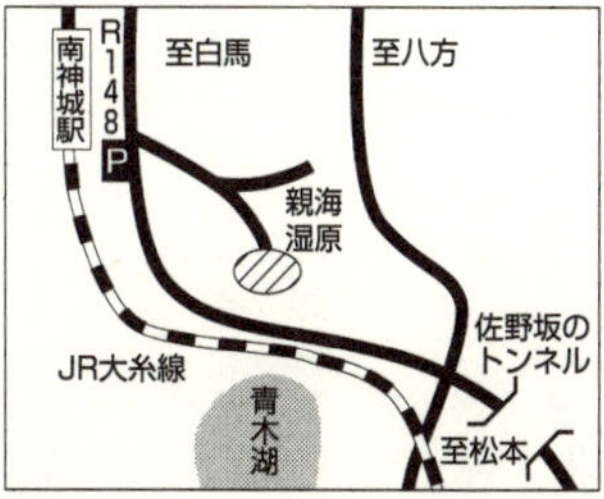

電車＝ＪＲ大糸線南神城駅から徒歩で約20分。車＝長野自動車道豊科ＩＣより約1時間10分。問い合わせ＝白馬村役場国際観光課☎0261-72-5000

守るように囲っていた。とても静かな湿原で、ときおり少し離れた佐野坂《さのさか》を行く列車の音が聞こえてくるだけであった。

かきつばた世に咲く花の春の色の色ふかさもこれや限なるらん　本居宣長

みずみずしくて上品なこの花は、少し黄色みを帯びた、明るい緑色の剣状の葉にこもるように咲いていた。

実は、通ったわりには、よい写真が撮影できていない。晴れた日は綺麗だが、撮影してみると雰囲気がないし、雨降りはカキツバタの天色に近い青紫色の鮮やかさが足りない。きっと、雨のあと薄日が差せばしっとりしたカキツバタの群生が撮れるのだろうと思ってはいるのだが、いまだにその条件に恵まれない。

高山で初めて出会うお花畑でも、咲きぐあいも光線も最高の状態のときに出会ったことが幾度もあるのに、いつでも行ける近くの湿原が、なかなか思うように撮れない。花の撮影は、ほんとうに難しいと思う。

カキツバタよりひと月前の五月半ばすぎ、親海湿原はミツガシワの白い花で埋まる。この花は氷河期に、氷河とともに当時大陸と陸続きであった日本列島にやってきた北極周辺の寒

親海湿原のミツガシワ

冷植物であるという。直径十数ミリの純白の花冠《かかん》が五つに分かれ、内側に白くて長い毛をたくわえていた。

和名は、カシワの葉によく似た小葉が三枚つくことによるとか。あでやかな花ではないが、周囲の木々が芽吹いて間もないころに咲くので、湿原全体がパステル画のような柔らかな色合いに包まれる。

ミツガシワは志賀《しが》高原の水無池《みずなしいけ》や乗鞍高原の牛留池《うしどめいけ》の周辺など、標高千数百メートルでよく見かける花なので、標高七百メートルほどの親海湿原に群生していることを不思議に思った。春になっても遅くまで雪が残る湿原であることと、貧栄養であることが影響しているようだ。

この湿原を歩くと気づくことだが、湿原につけられた木道が、あみだくじのように直角に曲がっているのは、田んぼの畦道の跡だからである。開墾したが、稲は育たなかったと聞く。

ミツガシワとカキツバタが咲いた後の親海湿原は、夏から秋にかけても、色とりどりの花が咲く。淡い黄色の花をつけることから硫黄草とも呼ばれるクサレダマ、藤色のコバギボウシ、明るい橙色の花をつけるコオニユリ……。

お盆のころは、湿原にふわりと白いベールをかけたようにドクゼリの花が咲く。地下茎にシクトクシンという毒成分が含まれることからの和名だが、香りがすこぶるよい。

その香りにさそわれて、幾度も訪れた。

ちょっと生あたたかい、甘い香りである。よく見ると、五弁の小さな白い花が半円状に数十個ついたひとかたまりが茎の先端に二十個ほど集まり、全体でおわんを伏せた形になっている。それが、湿原の大半を埋めていて、銀河が集まった宇宙を思わせる。その銀河から銀河へ、キアゲハが舞っていた。

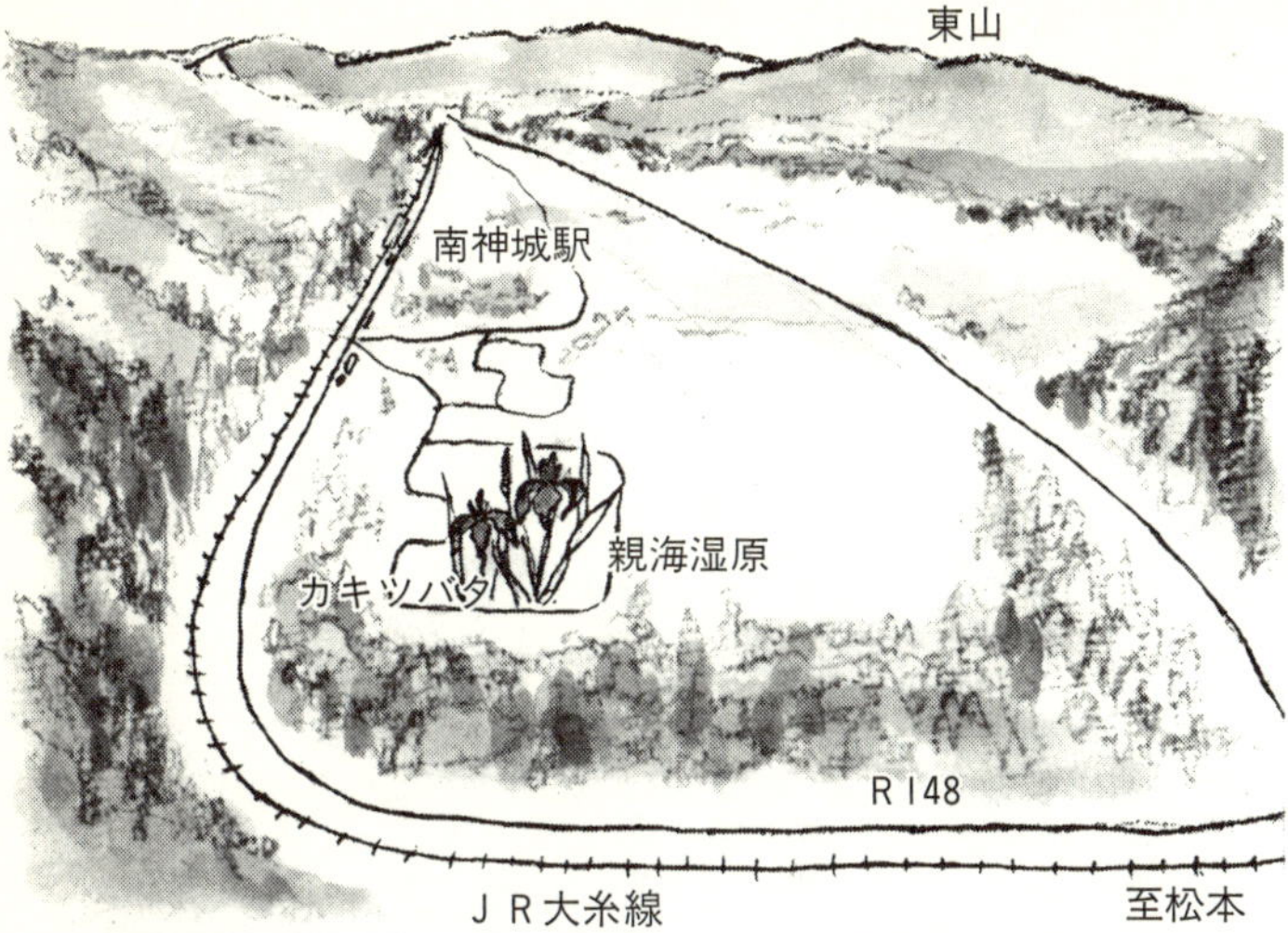

花期＝６月中旬

カキツバタ（杜若） アヤメ科

和名は書き付け花の転訛で、紫色をしたこの花の汁を布にこすりつけて染めた、古い行事に由来しています。よく似たアヤメは花被片の基部に金色の文目模様があるのに対し、カキツバタの花被片は中央に白い斑紋があるだけです。

鬼無里《きなさ》村のミズバショウとブナ

　安曇野に移り住んだころは、毎晩のように長野県の地図を広げては楽しんだものだが、中には何と読むのか、わからない地名があった。白馬村の東どなりにある鬼無里村もそうである。信州の地名辞典で調べてみると、鬼無里という地名の起源は、鬼女《きじょ》伝説に由来することがわかった。

　その伝説によると、平安時代の中期に、清和《せいわ》源氏《げんじ》の祖となった源《みなもとの》経基《つねもと》と不義の恋におちた宮女の紅葉《もみじ》が、その罪でこの地に流された。後に戸隠《とがくし》に移り盗賊の頭となった紅葉は土地の人から鬼女と恐れられたが、最後は武勇で知られた平《たいらの》維茂《これもち》に討たれた。つまり、鬼のいなくなった里ということから、鬼無里の名がついたというわけだ。

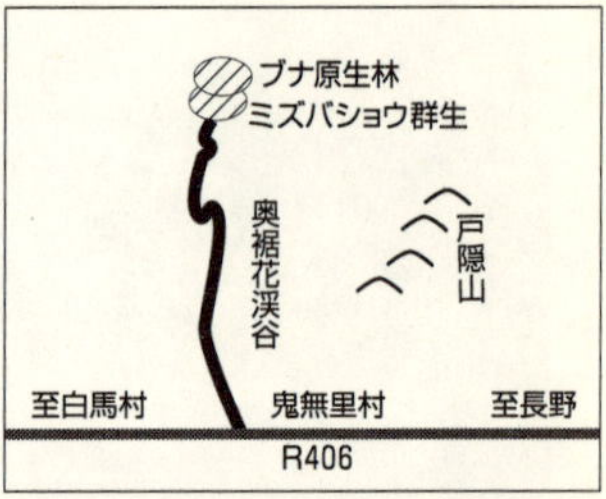

電車＝ＪＲ長野駅より奥裾花自然園行きのバスに乗り、終点まで約２時間10分。そこから徒歩で往復約２時間。車＝長野自動車道長野ＩＣより約２時間。問い合わせ＝鬼無里村役場観光課☎0262-56-2211

鬼無里には、その紅葉が京の都をなつかしんでつけた地名が、今もたくさん残っている。たとえば東京《ひがしのきょう》と名づけられた場所には二条・三条・四条・五条という地名があるし、字こそ違うが加茂川《かもがわ》・加茂神社といった京都と同じ読みの川や神社の名が今も残っている。西京《にしのきょう》には、春日神社もある。伝説だから真実など調べようもないが、紅葉は鬼無里の人に読み書きや都の文化を伝えたりしたが、戸隠に移っては鬼と化し悪事を働いたりもしたことに尾ひれがつき、戸隠の岩屋に鬼が住むという噂となって京まで伝わり、討たれた。ということなのだろう。

しかし、紅葉が本当に鬼女と恐れられたのなら、一千年以上もたつ今なお彼女がつけた地名が残ったりするだろうか。

さだかではないが、里の人々に慕われ、人家もまばらな寂しい寒村で、都のことを想い、都の文化を伝えた美しい女性。そういう姿を想像するほうが鬼無里にふさわしいように思えてならない。

鬼無里のミズバショウが見られるのは、東京・西京付近から裾花川《すそばながわ》に添って北に向かい、右にそびえる断崖を見ながら三十分ほど走った山の中である。近ごろは全国に知られるようになって、九州や東北ナンバーの車も見かけるようになった。

私は、朝日が差す前、人がまだ湿原に訪れない早朝に行くことが多い。が、「クマに注意」の看板があちこちにあることから、暗いうちに一人で歩くのはまことに心細い。それで、熊よけの鈴を鳴らしながら歩く。ときには歌いながら歩くこともあるが、あまりに音痴な歌に、熊がびっくりして目を覚ましてはいけない……というわけでもないが、少々気になるので、自然に口が止まってしまう。

ミズバショウのいちばん大きな群生地は、八十一万株が密生しているという今池《いまいけ》だ。全体の様子を湿原の南端から俯瞰《ふかん》できる。後ろに続く、芽吹きはじめたばかりのブナの原生林は淡い緑のベールがかかり、さらに斑雪《まだらゆき》の山が続く。

私は撮影しながら見とれ、見とれながら撮影した。深い山、そして人一人いない静けさ。冷たい空気が心地よい。

日が高くなって、訪れる人が多くなってくると、今度はミズバショウ群生地の奥にあるブナ原生林へ向かう。

ここは、私が見てきた中では長野県でいちばん広い原生林だ。限りなく広がるブナの森の中へ一歩足を入れると、ところどころ、白いサンカヨウや古代紫色のシラネアオイが咲き、

鬼無里のブナ原生林

ミズナラの大木を見かける。突然、森の奥から風がおこり、まるでドミノ倒しのように次から次に木々の梢を揺らす。

一昨年の六月、新緑の季節に信越放送のラジオの仕事でこのブナの森を歩いたのだが、こんなに深い原生林の中を歩くのは初めてだというパーソナリティーの滝沢枝里《たきざわえり》さんは、白いオオカメノキの花に見とれているかと思えば、ウワミズザクラの芳香《ほうこう》に声をあげる。また、ブナの巨木に耳をあて、水を吸いあげるかすかな音を聞き、目を輝かしていた。

谷の近くで、紅茶を沸かした。付近には、小さな双葉のブナが点々とあった。朽ち果てたブナの巨木が横たわっていた。

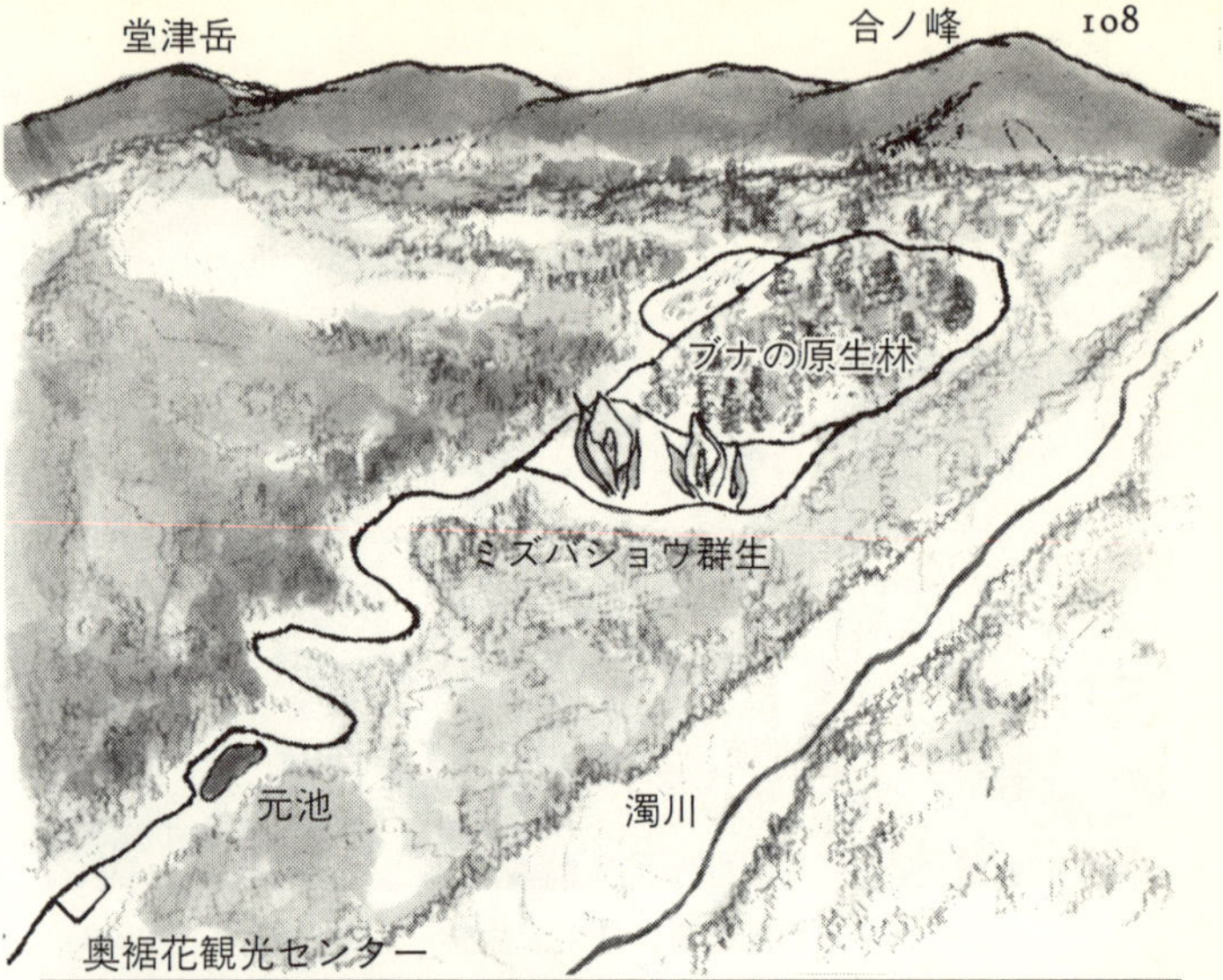

ミズバショウ（水芭蕉）　サトイモ科

ミズバショウの白い部分は苞《ほう》と呼ばれ、雨や霜から花茎を守る役をしています。苞に包まれた、棒状の花茎の上部にたくさんついている黄色いのが花です。花が終わると白い苞は朽ち、葉が急速に伸びて一メートルにもなります。

花期＝5月上旬～6月上旬

花を訪ねて上高地《かみこうち》を歩く

上高地ビジターセンターの前を流れる清水川《しみずがわ》のほとりに、エゾムラサキという可憐な花が咲く。二十年以上も前になるが、五月下旬、初めて上高地を訪れたときに、この花に出会って、ひと目ぼれした。

エゾムラサキの淡い青紫色の花冠はワスレナグサを思わせるが、ワスレナグサほどにぎやかではなく、ほどほどに花をつけるところがいい。草丈も小さく、せいぜい三十センチくらいだが、藻で深緑に染まった川のほとりに咲く姿は、水の精の趣がある。

安曇野に移り住んでからは、四季折々に上高地へ足を運んだ。

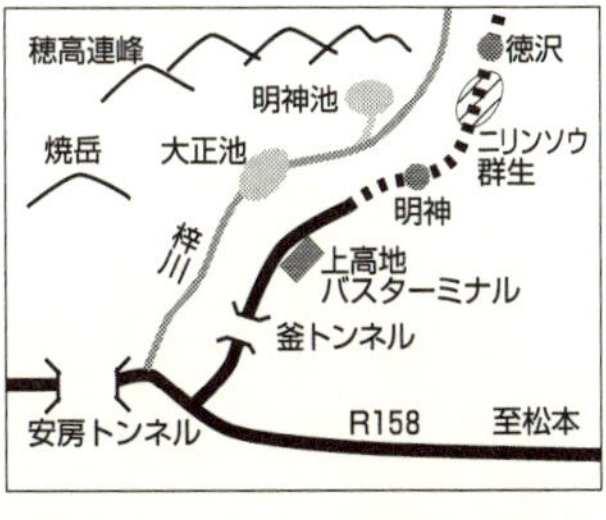

電車＝松本駅から松本電鉄上高地線で新島々駅下車。駅前からバスで上高地へ。車＝長野自動車道松本ＩＣから安曇村沢渡の駐車場に車を置き、バスで上高地へ。問い合わせ＝安曇村役場観光課☎0263-94-2301

四月下旬の開山祭のころは、雪がたっぷりと残る穂高の峰々を借景に咲くコナシの白い花が楽しみだった。まだ草花は少ないけれども、冷たい風に吹かれながら、梓川《あずさがわ》のほとりを歩くのが好きだった。

梓川の水の色は、深いところは天色に、浅いところは青磁色に見え、さざ波が煌々《こうこう》と輝いていた。水の色に春が感じられた。

開山祭からおよそひと月後の、五月下旬から六月の初めもよく通った。上高地のバスターミナルから河童橋《かっぱばし》をすぎ、それからエゾムラサキを訪ね、よほど植物に興味がないと気づかないであろう抹茶色のレンプクソウやコチャルメルソウの花を訪ねながら、徳沢《とくさわ》のニリンソウ群生地をめざした。

途中、登山道の脇に目をやると、イワカガミの光沢のある丸い葉が敷きつめられたように密生し、先が細かく裂けた筒状の紅い花をぱらぱらとつけていた。

他にもたくさんの花に出会った。羅生門で渡辺綱《わたなべのつな》に切り落とされた鬼女の腕に見立てた、ラショウモンカズラの青紫色の花。地下茎に毒があり、食べると走り出すといわれるハシリドコロの茄子紺《なすこん》色の花。暗いシラビソの樹林で咲いていた、ミヤマエンレイソウの白い花――。

道はカラマツやコメツガなどが空を覆う森の中に続いていて、梓川に近い湿地には、羽状に葉を広げたサワグルミの大木ばかりが目立つところもあれば、とつぜん砂地に出て、立ち枯れた大木が点在しているところもある。立ち枯れたのは、急峻な六百山《ろっぴゃくざん》の沢から大量の土砂が押し流されてきたからだろう。

時間が許せば、私は明神池《みょうじんいけ》に立ち寄る。明神岳からの崩落が川をせき止めてできた池で、静かな水面は周囲の針葉樹の灰緑を映し、上高地でいちばん神秘的だと感じている。

明神からさらに徳沢へ向かうと、徳本峠《とくごうとうげ》の方から流れてくる白沢の小さな橋を渡って間もなく、左下に梓川の本流から分かれた流れが見えてくる。そのエメラルドグリーンに、しばし見とれるのもよいだろう。また付近の道端に咲く、センジュガンピの花を観察するのもよいだろう。直径二センチほどの真っ白い花で、花びらの先端が細かく裂けている。森の中に群生があり、その白い花がひときわ目をひく。

徳沢の手前でとつぜん、登山道の両脇をニリンソウが白く埋めているのに出会った。それまでに小さな群生を見かけたが、まるで他の花は遠慮したかのように、ニリンソウの白い花だけが咲き、それは見事である。

槍ケ岳や穂高岳から下りてきた急ぎ足の登山者も、しばらく足を止め、ザックをおろして、見とれる人が多い。

ニリンソウの群生を後にしてしばらく行くと、左手に古池と呼ばれる小さな池がある。朽ちた大木が沈んでいる池の底から水が湧き出ていて、水面のあちこちに輪ができ、互いに重なっては広がってゆく。北アルプスの伏流水なのだろう。その神秘的な波紋に見とれていると、イワナが一匹、二匹と、二メートルほど前を悠然と泳いでゆく。五、六羽のヒナを連れたカモが、どこからともなくやってくる。

徳沢ではちょっと苦い思い出がある。

一昨年、友人と涸沢《からさわ》カールの紅葉を訪ねようと、初日、徳沢でテントを張った。持参したシチューが大きなコッフェルにいっぱいあったし、ちょっと贅沢《ぜいたく》なワインとウイスキーを友人が持ってきたので、夜遅くまで山の話に花が咲いた。

翌朝は天候に恵まれ、前穂高《まえほたか》の峰々がいつにもまして間近に見えた。撮影も朝食もすませ、テントをたたんでいたときである。不覚にも腰を痛めた。朝露で濡れたテントをたたむのに、中腰で作業したのがいけなかった。

結局、たたみかけたテントを友人に張ってもらい、翌日までおとなしく寝ていることにした。が、じっとしていられないものだから、腹ばいになってテントの中から、ハルニレの大木の向こうにそびえる前穂高を撮影した。

白い雲が浮かんだり、太陽が雲に隠れ山の色が変わるたびに、シャッターを切った。また日が差すと、テントの上に止まっている虫のシルエットが面白くて、シャッターを切った。ハルニレの木洩《こも》れ日も撮った。

しかし、一日は長い。

実は前々から、穂高岳からの下山で徳沢を通るたびに、ハルニレの大木が点在するキャンプ場を見ながら、

「ああ、このハルニレの木の下にテントを張って、二、三日のんびりしてみたい。テントの中に寝そべって、前穂高を眺めていたい」

そう思っていた。それが思いがけないことで実現したのだが、実際にテントの中で何もせずに一日寝ていると、これがなかなかつらい。目を閉じて、静かにしていようと思っていても、人の声が聞こえてくるたびに、頭をもち上げて外を見た。

静かに寝ていなかったこともあってか、腰の痛みはとれなかった。どうして下山しようかとじたばたしたが、最後は山仲間の息子さんにザックを背負いに来てもらった。

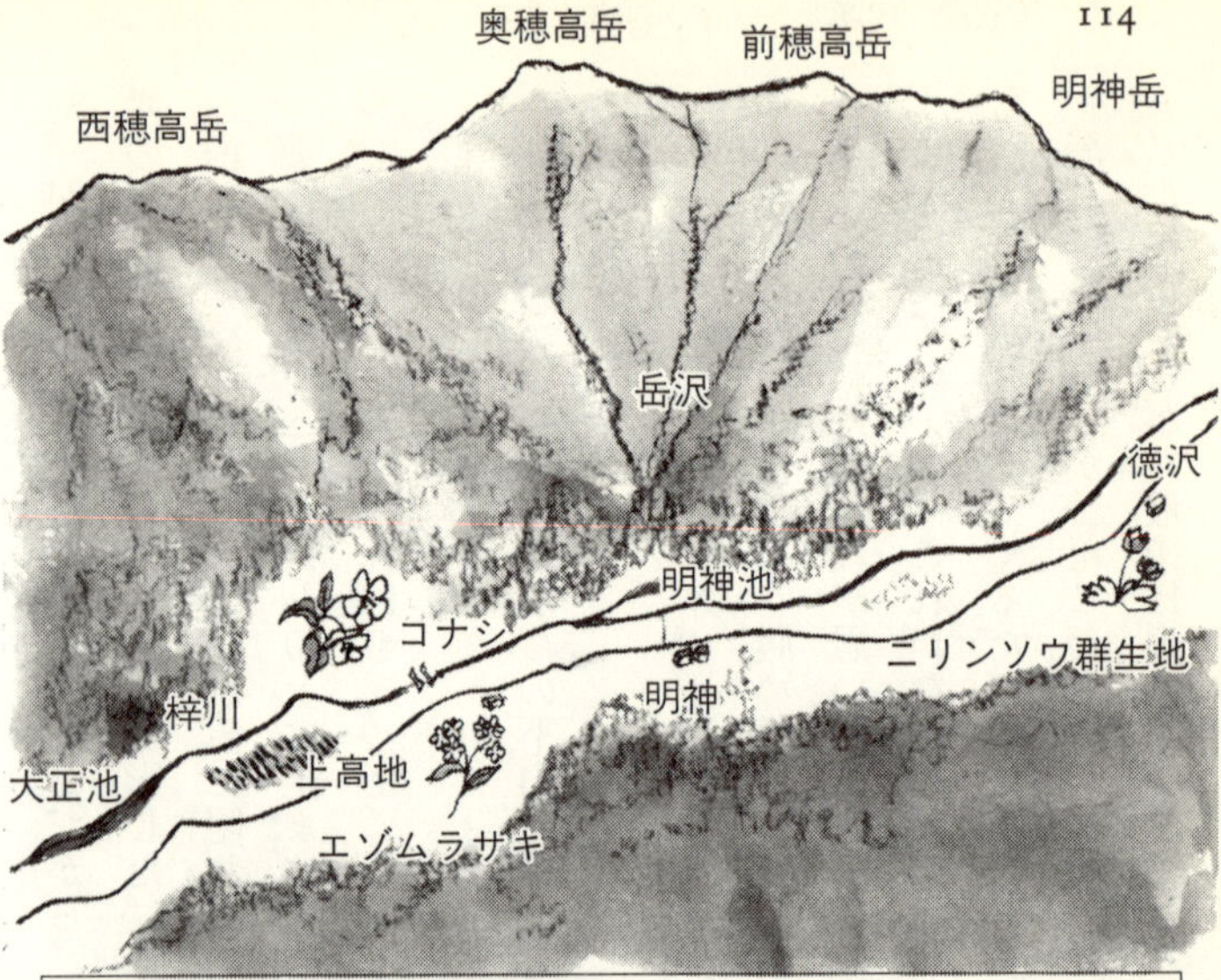

エゾムラサキ（蝦夷紫）　ムラサキ科

草丈はおよそ三十センチ、深山の水辺などで時折り見かけます。同属のワスレナグサにそっくりの、淡い青紫色の可憐な花です。花冠が五つに深く裂けていることから五弁の花に見えますが、基部が筒状になった合弁花です。

花期＝５月中旬～６月下旬

栂池《つがいけ》自然園のニッコウキスゲ

白馬連峰の山ふところ、ゴンドラリフトとロープウェーを乗り継いで行ける栂池自然園では、ミズバショウやニッコウキスゲの花を楽しむことができる。

白馬岳へ登る人たちや、花を訪ね歩く人たちにとっては馴染《なじ》み深いところかもしれない。私にとっても、安曇野に移り住むかなり前から、幾度も訪れたところであった。

六月に入ると、栂池高原スキー場からまだ未舗装の山道を車で登り、毎年のようにミズバショウを見に行った。天候に恵まれれば、ミズバショウが咲く湿原の後ろには、山腹に雪を抱く白馬三山や小蓮華山が見えるはずである。

だが、山の天気は変わりやすいものだから、向かう途中はよく見えていた山が、着くころ

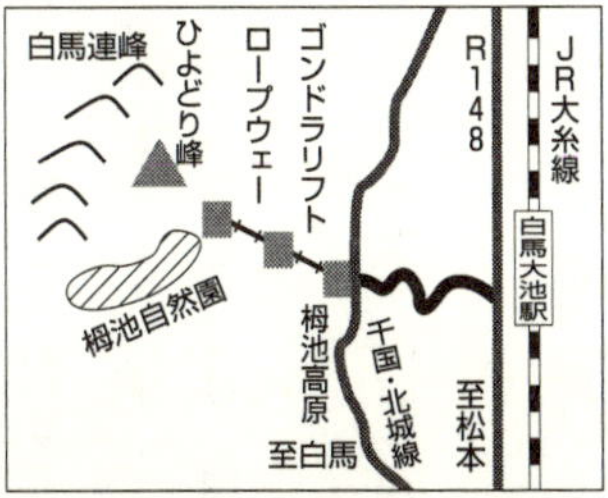

電車＝ＪＲ大糸線白馬駅から栂池高原行きのバスに乗り終点で下車。ゴンドラリフトとロープウェーを乗り継いで栂池自然園へ。車＝長野自動車道豊科ＩＣから栂池高原まで約１時間40分。問い合わせ＝小谷村役場観光課☎0261-82-2001

には、どこからともなく湧きあがった霧にみるみる包まれることもしばしばあった。そうなると、ミズバショウの背景である白馬連峰が隠れてしまう。

それで、霧が湧きあがる前、つまり朝日が差すとすぐに撮影できるように、暗いうちに自然園へ入ることが多かった。しかし、今は車で入れなくなったので、天候を見はからって前日から入り、栂池ヒュッテに泊まるようになった。

栂池自然園に入ると、ミズバショウ湿原が目の前に広がっていて、ところどころ、リュウキンカの黄色い花が混じっている。遊歩道の脇には、大きな葉を広げたサンカヨウの白い花が咲いている。

サンカヨウは上品な香りの花だ。近くにいる人にそのことを教えてあげると、一様に感心してくれる。この花が素晴らしいのは香りだけでなく、雨に打たれた花びらがオブラートのように透けていることがあり、その痛々しい姿は梅雨に咲く花ならではの風情が感じられる。

ミズバショウ湿原を見たら、そこから歩いて十五分ほどのワタスゲ湿原に行くと、また違う魅力がある。

観光客の多くは、歩くことが苦手なのだろうか。それとも、少し奥へ行くと別天地があることに気づかないのだろうか。ここまで足を踏み入れる人は少ない。それだけに、花をゆっくりと見ることができる。

ワタスゲ湿原は六月の下旬、湿原の名前となったワタスゲの白い綿毛が目立つ。それほど多くはないが、新緑のダケカンバや濃い緑の針葉樹林に囲まれていて、いかにも山ふところに入った感じがする。

同じ時期、タテヤマリンドウがパラパラと花をつけるのも楽しみだ。遊歩道から見ると、薄い空色の花を真上に向け、まるで星をちりばめたように、広い範囲で見かける。この花は、早春に里の雑木林の縁などで見かけるハルリンドウの高山型であるという。

七月下旬のワタスゲ湿原には、ニッコウキスゲが咲きそろう。ミズバショウと同じく、白馬連峰を背景に咲いていていて、見事だ。

この季節、私は栂池自然園から白馬大池へ、そして白馬岳へよく登る。途中、小蓮華山の稜線から、栂池自然園が一望できる。稜線の真下は七、八十度に切れ落ちていて、お花畑からダケカンバの森へと続いている。その森の下に栂池自然園の池塘《ちとう》があり、目をこらすと遊歩道が確認できる。

湿原の先は幾重にも山が重なっていて、その間に里が点在しているのが見え、信州が山国であることがよくわかる。

さらに、楠川《くすがわ》を渡って奥の浮島《うきしま》湿原へ行くと、たくさんの亜高山の花に出会える。シナノキンバイやミヤマキンポウゲの黄色い花、真紅の花を下向きにつけたベニバナイチゴ、雅楽奏者の烏帽子《えぼし》に花の形が似ているレイジンソウ、草に埋もれてココア色の花をつけたクロユリなどである。樹林の登山道の脇は、ゴゼンタチバナ、ミツバオウレン、タケシマランなど、夏山登山で見かける馴染み深い花々も咲いている。

花が咲き競う栂池自然園からは想像できないが、自然が垣間みせる荒々しさを目にすることもある。数年前、白馬連峰の乗鞍岳からの雪崩は、湿原の様子を一変させた。

直径が四、五十センチもあるダケカンバやツガの木が、まるで鉛筆を折ったかのように、高さ六メートルくらいのところでことごとく折れているのである。その姿は、異様としか言いようがなかった。その高さまで雪が積もっていたからであることに、後で気づいた。

栂池自然園はとても広い。浮島湿原からさらに四十分ほど奥へ入ると、白馬大雪渓が見える展望湿原がある。途中にある、薄紅色のハクサンコザクラの小さな群落などを撮影しながら、一度だけ行ったことがある。しかし、残念なことに大雪渓は霧に包まれていて見えなかった。

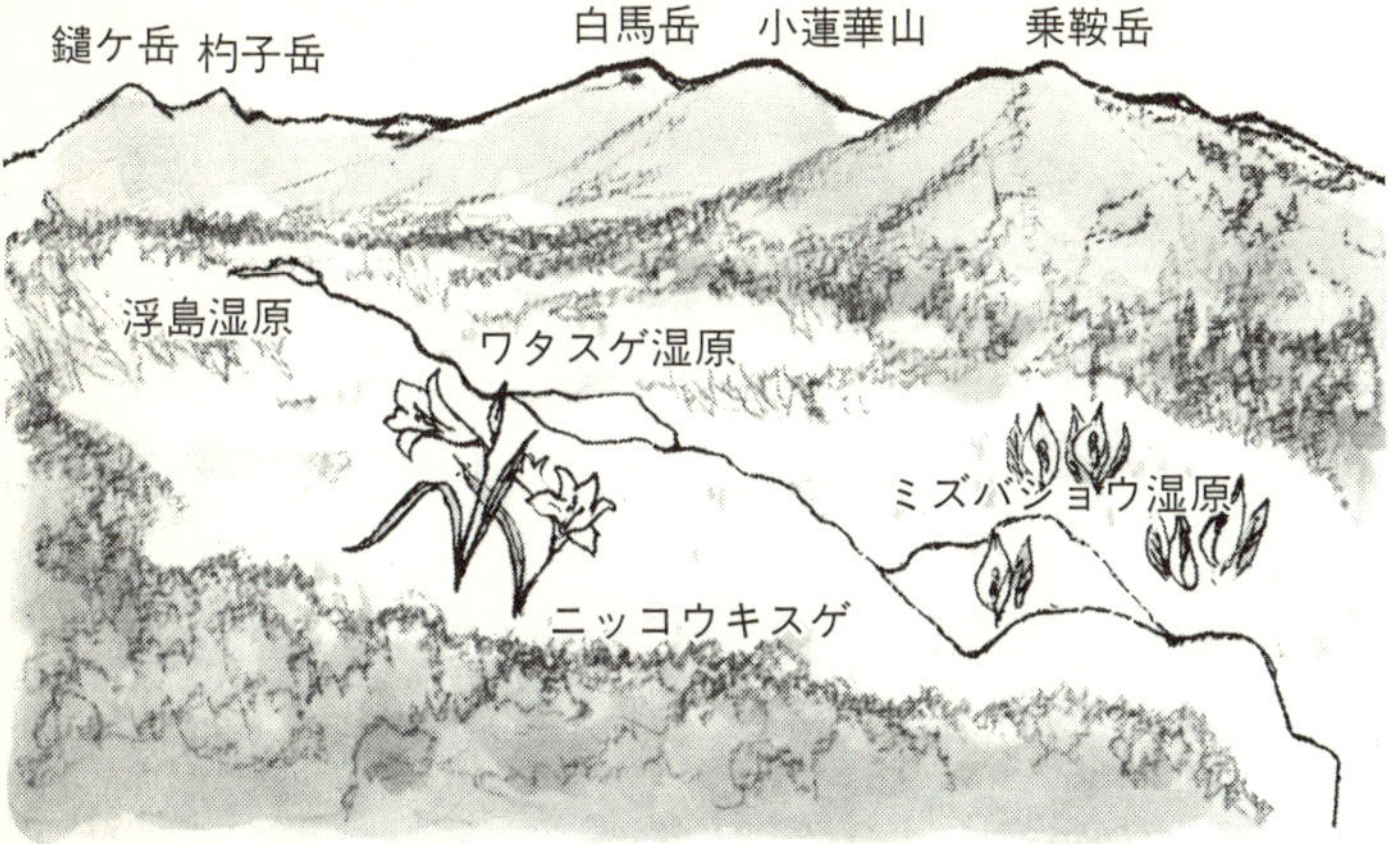

ニッコウキスゲ（日光黄菅）　ユリ科（ミズバショウはP108を参照）

朝に咲き、夕方にしぼむ一日花です。草丈は六十〜八十センチ、花は直径五センチくらいで、花被片六個が合着した漏斗《ろうと》状鐘形です。日光の山に多く、花が黄色で、葉がスゲに似ていることからの和名です。

花期＝７月下旬

第四章　夏、北アルプスの風

奥上高地《おくかみこうち》から涸沢《からさわ》カールの草木

槍・穂高連峰や蝶ケ岳の登山基地でもある横尾《よこお》一帯は、奥上高地と呼ばれる。

上高地のバスターミナルから梓川に沿って十二キロほど、約三時間の道のりだ。途中の、ニリンソウ群生地で知られる徳沢からは、サワギク、カラマツソウなどが咲く森の中へ道が続いている。横尾が近づいてくると、一気にそびえ立つ前穂高岳が左手に見え、大天井岳《だいてんじょうだけ》が前方に見えてくる。北アルプス山中、しかもこれほど山奥なのに、登りがほとんどない平坦な道が続く場所を私は他に知らない。

横尾付近の川ぞいには、ケショウヤナギの大木が多い。小さな林になっているところもある。私が訪れた初夏は浅緑に染まり、周囲の針葉樹林の濃い緑に浮かびあがっていた。その

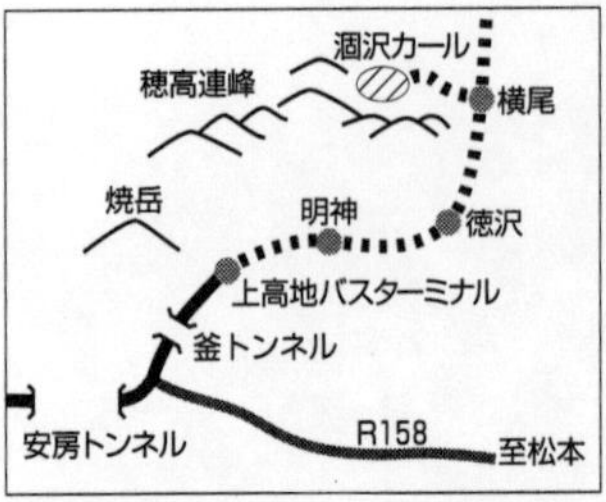

電車＝松本駅から松本電鉄上高地線で新島々駅下車。駅前からバスで上高地へ。上高地から涸沢までは徒歩で片道約6時間（登山の装備が必要です）。車＝長野自動車道松本ＩＣから安曇村沢渡の駐車場に車を置き、バスで上高地へ。問い合わせ＝安曇村役場観光課☎0263-94-2301

美しさにひかれて、河原におりたことがある。直径五、六十センチほどの流木が、数えきれないほど散らかっていた。大水害のとき、上流から流されてきたものに違いない。腰かけてみると、ずしりとした感触が伝わってきた。

岸辺には、根本にソフトボールくらいの石を数十個も抱いた、ケショウヤナギが何本もあった。根本を洗われたところへ石が入り、そのまま抱き込んで成長したのだろう。その中には立ち枯れがあり、弁慶の立ち往生を思わせた。

横尾から涸沢までは、約三時間の登りだ。梓川にかかる橋を渡ってツガやシラビソの暗い樹林を通り抜けると、教会の鐘を伏せた形の山が見えてくる。正面がスパッと切り取られた岩壁になっている。ここが、クライマーに知られる屏風岩《びょうぶいわ》だ。

天候がよい日に、この屏風岩の前を通ると、コツ、コツと、ハーケンを打つ音が聞こえてくることがある。望遠鏡をのぞくと、岩壁に人が張りついているではないか。山に登る目的は人さまざまだが、ザイルを使って垂直に近い岩壁を登るなど、私にはとうてい考えられないことだ。

屏風岩をすぎ、横尾谷にかかる本谷橋を渡ってからは、足場の悪いジグザグの急な登りが続くが、近づいてくる右俣《みぎまた》カールや北穂高岳《きたほたかだけ》が目を楽しませてくれる。やがて、森の向こうに涸沢カールが見えてくる。しかし、ここからが遠い。まだ一時間ほどかかる。

涸沢のキャンプ場は、すり鉢の底を思わせる雄大なカールの底である。正面に、どっかとそびえる奥穂高岳《おくほたかだけ》を中央に、前穂高岳、涸沢岳、北穂高岳など、三千メートルを越える山々がぐるりと取り巻いている。

カールの底に建つ涸沢ヒュッテは、穂高の峰々が一望できるビヤガーデン風の広いテラスがある。ラーメン、おでん、みそパン、リンゴ……と、何でも売っている。

私は一人のとき、混雑する小屋泊まりを避け、テントを張る。そうして、食事はこのテラスにくる。展望は抜群だし、とてもおいしいおでんを売っているのが何より嬉しい。なぜ山にこれほどおいしいおでんがあるのだろうかと感心させられる。よく煮込んであって、味がいい。それからワインがいい。とびっきりというのではないが、普通の大きさの、あっさりしたワインが一本二千五百円で売っている。

私はラーメンとおでんで夕食をすませ、ワインを買ってテントへ帰る。テントの中から、暮れてゆく穂高の峰々を眺めながらのワイン、これがまた格別だ。

穂高の峰々に星がまたたくころになると、周りのテントからは話声が聞こえなくなってくる。みんな、明日の登山にそなえて早く寝るのだろう。そうなると、果てしがない星空の下にただ一人という不思議な時空に包まれる。頭の中が妙に澄みきって、すぎてゆく時間が惜しまれる。

夏と秋によく訪れる涸沢カールの中で、いちばん印象的だったのは、一昨年の七月十九日、花仲間と一緒にここにあるお花畑を訪ねたときだった。

場所は、涸沢のテント場から、パノラマコースと呼ばれる奥穂高岳へ続く登山道のザイテングラード尾根付近である。

果たして、白いハクサンイチゲや黄金色に輝くシナノキンバイの花が、風に揺れていた。私はそのお花畑にカメラをセットして、風が止むのを待った。目の前にそびえる、槍ケ岳よりも細く尖った涸沢槍の穂先が、雲が流れるたびに霞んでひときわ高く見えた。私は北アルプスのほとんどのお花畑を訪ねているが、峨々《がが》とした岩峰と華やかなお花畑の組み合わせでは、白馬連峰鑓《やりが》ケ岳《たけ》の大出原《おいでっぱら》のお花畑に並ぶと思った。

仲間は腰を下ろして、紅茶を沸かし、お花畑に見とれている。みんなこのお花畑を訪ねることがいちばんの目的だったから、綺麗に咲いたときに出会えた喜びに浸っていた。稜線から吹いてくる風が心地よかった。二時間近くいただろうか、太陽が奥穂高岳に沈んでから、山小屋に戻った。

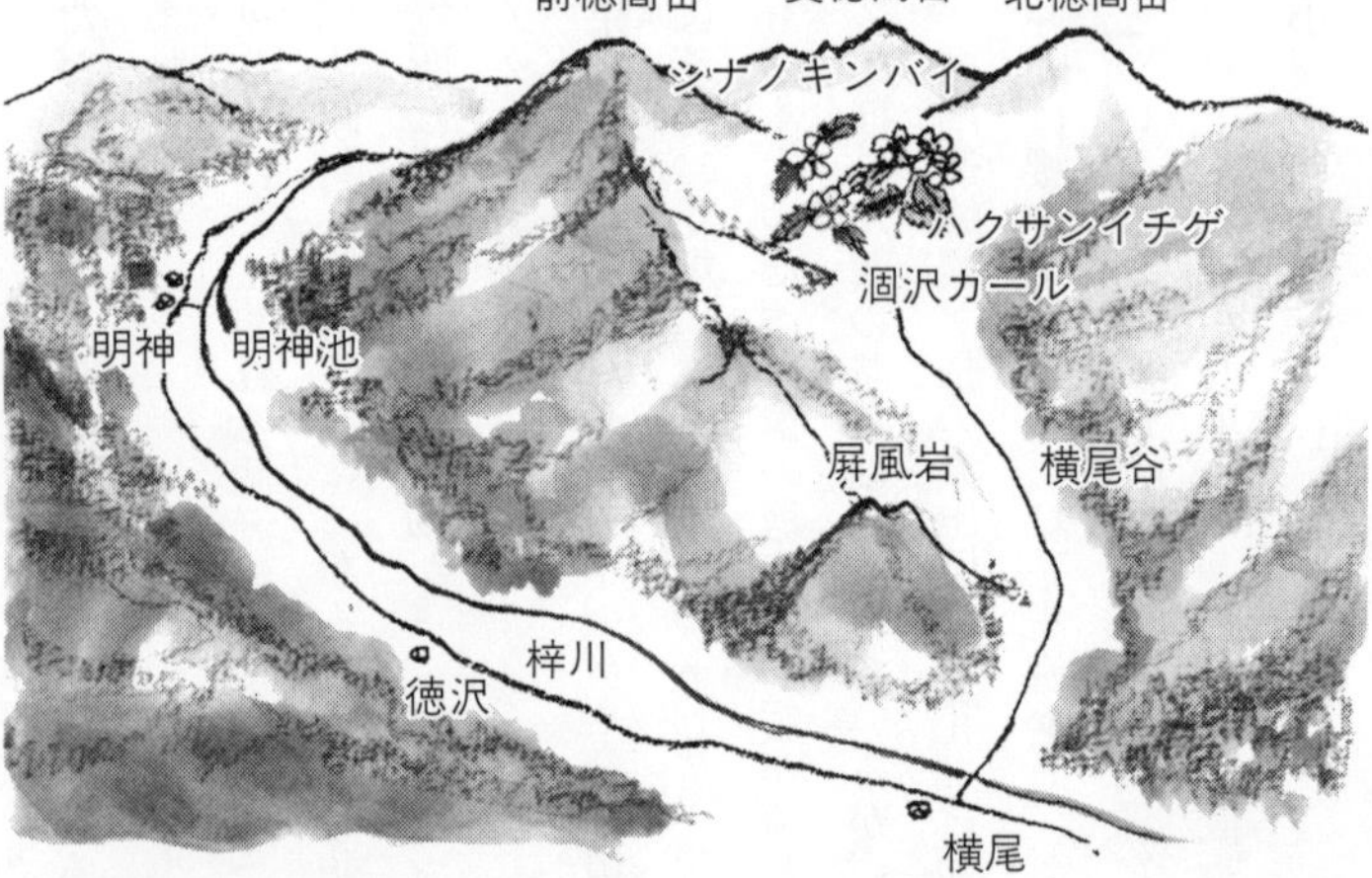

ハクサンイチゲ（白山一華） キンポウゲ科

高山のお花畑を最初に彩る花のひとつで、雪が解けるとすぐに花をつけます。花は直径二・五センチ、白い花弁状のガク片が五〜七枚で、花弁はありません。加賀の白山で最初に発見され、一本の柄に一個の花がつくことからの和名です。

花期＝7月下旬〜8月初め

八方尾根の花

もう三年前の七月のことだが、花仲間とともに、北アルプスの峰々が見える白馬村岩岳《いわたけ》の中腹にある「ゆいペンション」に一泊し、翌日八方尾根の花を楽しんだことがあった。唐松岳《からまつだけ》登山基地の白馬村八方から標高千八百メートルの第一ケルンまで、ゴンドラと二基の夏山リフトを乗り継いで、あっという間に着く。

ゴンドラから下を見下ろすと、霧に霞んで遠ざかってゆく白馬村のマッチ箱のようなペンション群は、まるでおとぎの国のようだ。真下に、若葉色に輝くミズナラやブナの木々が目にも鮮やかにとまる。

第一ケルンから八方池までは、徒歩約一時間。夏のこの時期は、八方池までの自然研究路

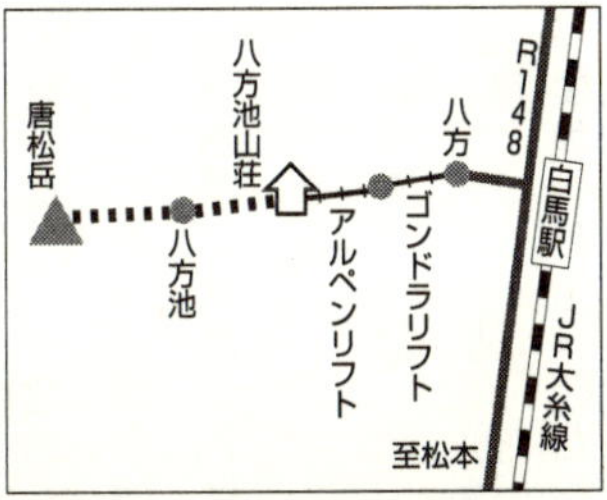

電車＝ＪＲ大糸線白馬駅前から、八方行きバスに乗り約５分で八方。ゴンドラとリフトに乗り約20分で八方山荘。ここから八方池まで徒歩で約１時間。車＝長野自動車道豊科ＩＣより白馬村・八方まで約１時間30分。問い合わせ＝白馬村役場国際観光課☎0261-72-5000

を楽しむ人たちでいっぱいだ。それもそのはず、ちょっと気をつければ、五十～六十種の花はゆうに見つけられる。出会える花の数の多さでいえば、ここは北アルプスの尾根の中でも数少ない場所なのだ。

また、白馬三山をはじめ、五竜岳、鹿島槍ケ岳などの山々が間近に迫ってくるので、夏山の気分を十分に味わうこともできる。

私たちが訪れた日は、薄曇りで山がときおり顔を見せるくらいだったが、そのぶん花は柔らかな光に包まれ、流れる霧の中で、とても綺麗だった。

意外だったのは、その年は雪解けが遅かったからであろうか、本来なら六月下旬に咲く花に出会えたことだ。たとえば、珍しいユキワリソウやタカネセンブリである。

ユキワリソウは名前のとおり、雪が解けるとすぐに咲く花である。ひと回り大きいが姿形のよく似たハクサンコザクラは、北アルプスのたいがいの山域で見たことはあるが、ユキワリソウに出会ったのは、北部の朝日岳《あさひだけ》とこの八方尾根だけである。

そのユキワリソウの鴇《とき》色の花は、霧にぬれて、ひときわ可憐だった。

撮影しようと思ったが、風が強くて、短時間では無理だった。一緒に行った仲間は、この花を見るのが初めてだったらしく、立ち止まったまま、なかなか先へ進もうとしない。

やっと歩きはじめたと思ったら、次はタカネセンブリの花で、再び釘づけになる。八方尾根が基準標本になっているこの花は、弱々しい細い茎に、十字に深く裂けた五ミリほどの花冠をほどよくつけている。だが、周りの草に隠れるように咲いていることや、付近に目立つ花が多いせいか、この花に気づく人は少ない。

私たちはルーペを取り出し、ワスレナグサよりも淡い薄花色の花弁に濃い紫の斑点がたくさんある色合いに、すっかり魅せられ、時間がたつのも忘れるほどであった。

私が八方尾根に花仲間を案内するのは、花の種類が多いということだけでなく、植物の垂直分布の逆転現象を見ることができるからである。たとえば、標高が約二千メートルの八方池までは亜高山帯なのに、ハイマツをはじめ、瑠璃色の小さな花をつけたミヤマムラサキや、エーデルワイスの仲間であるミネウスユキソウなどの高山植物がたくさん咲いている。また、八方池の上部は高山帯なのに、亜高山の木であるダケカンバの森が広がっている。こういう逆転現象を見られるのは珍しいだけに、誠に興味ぶかい。

八方尾根から北部の白馬連山高山植物帯は、国の特別天然記念物である。

一九九五年、私はこの山域の花をまとめて『花の王国』という本にしたことがあったが、その本のために、八方尾根にもよく通った。先にあげた高山植物をはじめ、小さな紅色の花が集まって鹿《か》の子《こ》絞《しぼ》りを思わせるシモツケソウや、マツムシソウの高山型であるタカネマツムシソウ、卵の黄身の色をしたミヤマダイコンソウなど、数え上げるときりがないほどの花花を撮影したものだ。

花を観察しながらの私たちは、八方池までの道を三時間もかかってしまった。だが、たくさんの花に出会えた喜びが、だれの顔からもうかがえた。山登りは時間が許すかぎり、辺りを楽しみながら、ゆっくり歩くのがいちばんだと私は思う。新幹線ではなく、各駅停車の鈍行である。

八方池は、周囲が二百メートル足らずの池だ。間近に迫る、不帰《かえらず》ノ嶮《けん》や白馬三山を映すことで知られているが、あいにく山は雲に閉ざされたままであった。ここで昼食をとった私たちは、唐松岳をめざした。

この尾根を歩くと気づくことだが、ケルンが多い。八方尾根は、積雪期に道に迷って遭難する事故が幾度もあったからである。

新しいところでは、昭和五十五年の十二月に、神奈川県の逗子開成高校の生徒五人と引率教諭一人が、吹雪で道に迷って凍死した。

六月下旬に、私もこの尾根で道を見失ったことがある。もう十五年ほど前、唐松岳から下りる途中、雪に覆われた稜線でガスに巻かれた。こうなると、コンパスと地図だけがたよりである。道を見失うというのは経験した者でないとわからないだろうが、形容しがたい不安におそわれる。広い尾根の雪渓をさまよい、やっとのことで登山道を見つけたことを思い出す。積雪期のガスはこわいと身にしみた。

タカネセンブリ

八方池から唐松岳への花も観察した私たちは、唐松岳山頂ちかくの唐松山荘で一泊。翌日も天候に恵まれず、せっかく花仲間に見せようと思っていた剱《つるぎ》岳《だけ》は、ガスに煙って淡い薄墨色をしていた。

しかし、山とは不思議なもので、このようなときのほうが高く見える。私たちは、黒部《くろべ》の谷から一気にそびえる剱岳を後ろに記念写真を撮り、付近に咲いていたコマクサやチシマギキョウに別れを告げ、霧の中を下山した。

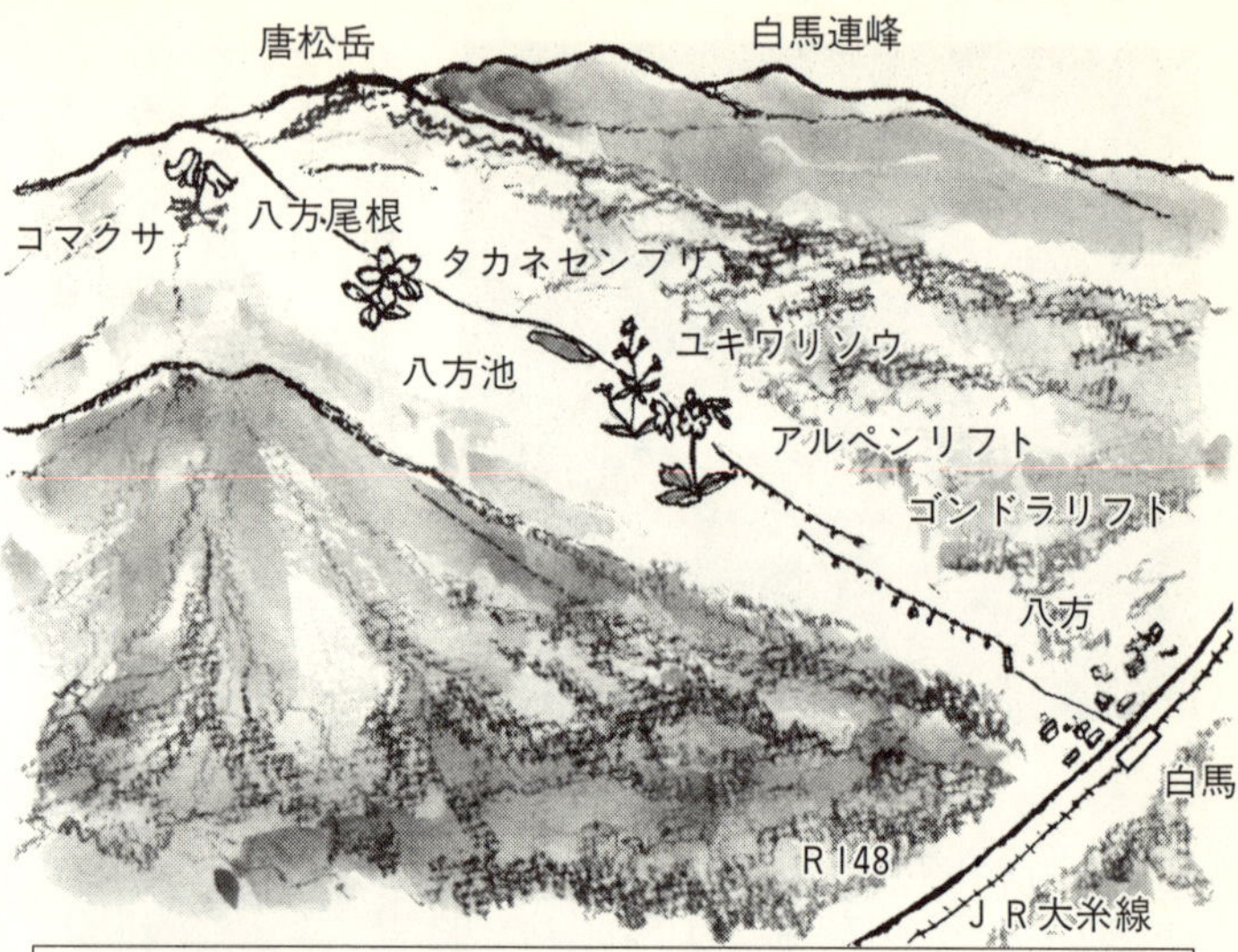

ユキワリソウ（雪割草） サクラソウ科

草丈十〜十五センチ、花の直径が一センチほどの可憐な花です。紅紫色の花冠が五つに裂け、裂片が深く二裂しているので、花びらが十枚のように見えます。名前は、雪が解けるとすぐに咲く様から、雪割草とつけられました。

花期＝６月下旬〜７月上旬

白馬《はくば》尻《じり》の花と大雪渓

白馬岳登山口の猿倉《さるくら》は、ブナの森の中である。

ここから、日本三大雪渓のひとつに数えられる白馬大雪渓の末端・白馬尻への道は、七月ともなると、白馬岳に登る人だけでなく、雪渓や亜高山の花を見に訪れる人が多い。雪渓の末端を、スカートで歩いている人も見た。

バス終点の猿倉でまず目に入るのが、ブナの森だ。直径一メートルほどの大木がたくさんある。真っすぐに伸びているものがあるかと思えば、さした傘の形に枝を広げたものもある。

太い幹に蔓が巻きついていて、ところどころに白い花をつけているのが目に止まった。近

電車＝ＪＲ大糸線白馬駅から猿倉行きのバスに乗り約30分で猿倉。白馬尻まで徒歩約１時間。車＝長野自動車道豊科ＩＣより猿倉まで約２時間。問い合わせ＝白馬村役場国際観光課☎0261-72-5000

づいてみると、ツルアジサイの花だった。緑の森によく映えている。私は両手を広げて、その見事なブナに抱きついてみた。ひんやりとして気持ちがいい。全身に、大木特有のずしりとした質量が感じられた。

森の中は他に花は見当たらなかったが、森のはずれでエゾアジサイが花をつけていた。里の山道で見かけるヤマアジサイとは違い、露草色に近い明るい青紫で、触れるのもためらうほどの美しさであった。

猿倉から白馬尻まで歩いて約一時間。その間の楽しみは、近づいてくる山々の眺望と亜高山の花である。

曲がりくねった道をすぎたあたりから、前に立ちはだかるような小蓮華山が見えてくる。一気にそびえる白馬岳の稜線が見えてくる。それから、小さな沢の脇で咲くオオバミゾホオズキの黄色い花、谷から吹きあげてくる風の音。濡れた岩壁に咲くクルマムグラの小さな白い花。と、次々に新しい発見が続く。

白馬尻に着くと、まず目を奪われるのがキヌガサソウの花だ。白馬尻小屋の脇に群生している。亜高山の湿った沢の近くや、高山の雪田《せつでん》周辺で時折り見かけるが、ここほど群生しているところを、私は知らない。花の名山白馬岳の玄関で迎えてくれる最初の花にふさわしいと思う。

キヌガサソウは衣笠草と書き、大きな葉を放射状に広げた姿を、奈良時代の高貴な人にさしかけた衣笠に見立てた名前であるという。

辺りのミヤマハンノキは、二メートルも三メートルも地をはってから立ちあがっている。ここが、いかに雪深いところであるか想像できた。

雪が解けてから間もないのだろう。辺りの、湿った黒い朽ち葉から、濡れた土の匂いがしてきた。

付近ではシラネアオイやサンカヨウの花を見かけた。暗い林床で赤味の強い紫色の花をつけたシラネアオイは印象的だし、十センチほど芽を出したサンカヨウは、三角錐に折りたたまれた葉がすでに花の蕾《つぼみ》を抱いていて、ほほえましい姿をしている。

大雪渓の末端は巨大な雪のトンネルになっていて、白く泡立った雪解け水が飛び出していた。湧きたつガスに包まれて一歩一歩雪渓を踏みしめ登っていると、ガスがみるみる消え、青空の中に白馬岳や杓子岳《しゃくしだけ》が姿を現した。その劇的な光景に、見とれた。

大雪渓を百メートルほど登った右手に、オオサクラソウが咲く。花の大きさも色合いも高山でよく見かけるハクサンコザクラにそっくりだが、花が二段に咲くことと、葉がヘラ形ではなくてモミジ形である点が違う。花冠は、深く五裂しているので五弁の花に見えるが、基部が筒になっている。その筒の部分は黄色で、同属のハクサンコザクラやユキワリソウよりも濃い黄色だと、私には感じられた。

白馬尻小屋の責任者である松尾さんは、私の古い山仲間である。私が初めて白馬岳に登った十九年前、彼はまだ白馬山荘でバイトをする学生だったが、長期に滞在している私は、すぐ親しくなり、毎晩のように酒を交わすようになった。

数年前、友人と白馬岳から下ったとき、背丈より高く荷を背負った彼に、白馬尻を下ったところで出会った。挨拶の言葉をかけると、会釈しただけで行ってしまう。どうしたのだろうかと思っていると、しばらくして彼が走り足で下りてきた。私の挨拶に応えたくても、そこで足を止めてしまうと、後が登り切れなくなるというのだ。荷を運んでから、わざわざ追っかけてきた松尾さんの人柄に打たれた。

ふだんはヘリコプターで荷を運んでいるが、悪天候が続いたりすると生鮮食料が間に合わなくなり、歩荷《ぼっか》するのだという。非常食しか持たずに山で取材できるのは、彼のような人達に支えられているのだということを、改めて感じた。

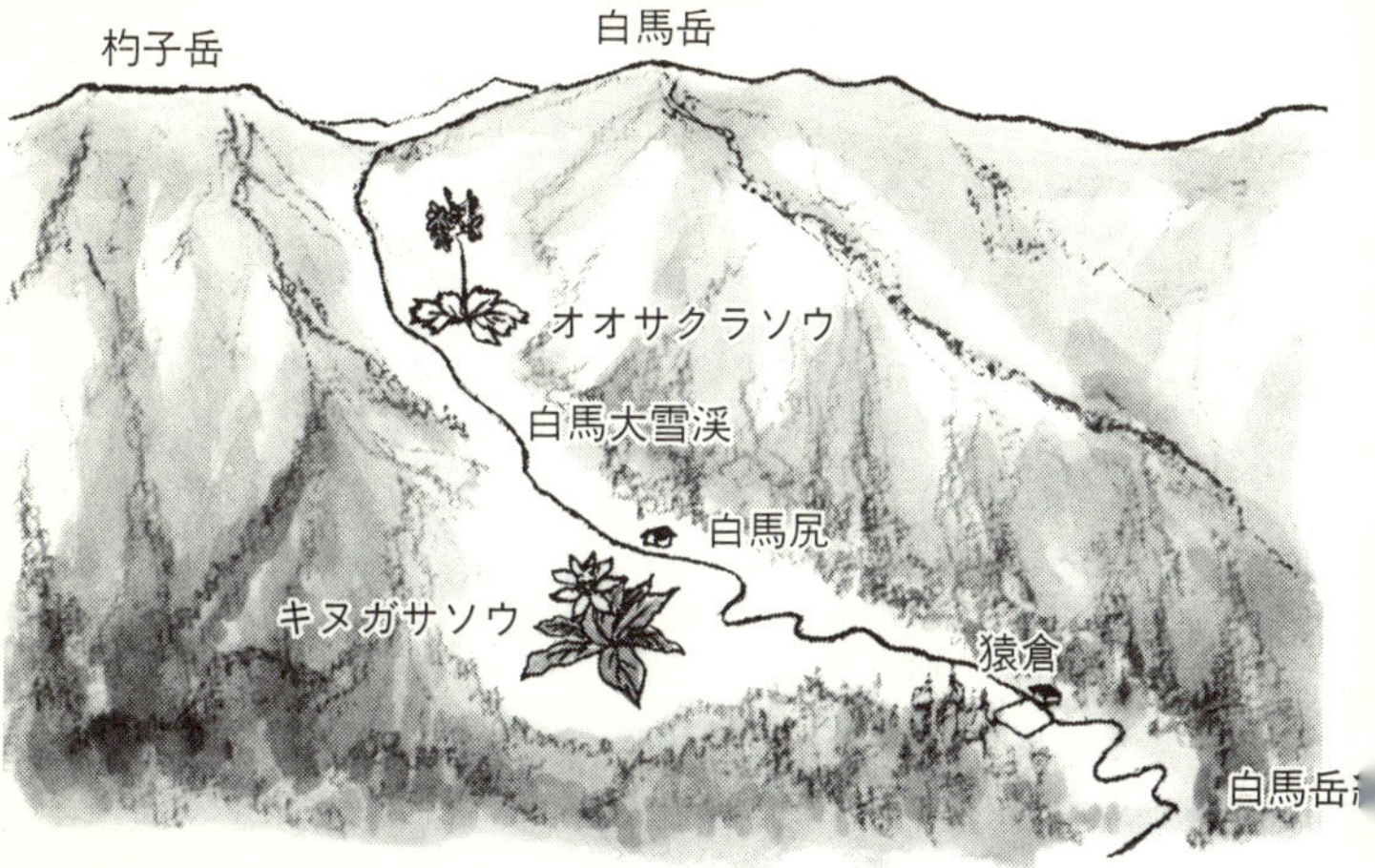

キヌガサソウ（衣笠草） ユリ科

草丈三十〜八十センチ、花は直径六〜七センチもある大型の山野草です。放射状に広げた大きな葉の中心から花柄を伸ばし、白い花を一個つけます。和名は、輪生した葉を、奈良時代に高貴な人にさしかけた衣笠に見立てたものです。

花期＝6月下旬〜7月下旬

花の名山白馬岳《しろうまだけ》

白馬大雪渓を登って、白馬岳の花を幾度訪ねたことだろう。

大雪渓から岩礫《がんれき》が続く葱平《ねぶかつぴら》を登り、さらに小雪渓をトラバースすると、色とりどりの花が咲くお花畑が見えてくる。

雪渓を背景にして黄金色に輝くミヤマキンポウゲ、信濃の名がついたシナノキンバイの深黄の花、純白の小さな花を傘状に広げたオオハナウドなどを眺めては登り、撮影しては登った。見あげれば、白馬岳から杓子岳へ続く尾根を行く登山者が見える。

白馬岳へよく通うようになったのは、ある六月下旬、雨の中で出会った花の美しさに魅せられたからだ。横なぐりの雨が一瞬ぴたりと止んだかと思うと、すぐに雨具をはばたかせ、

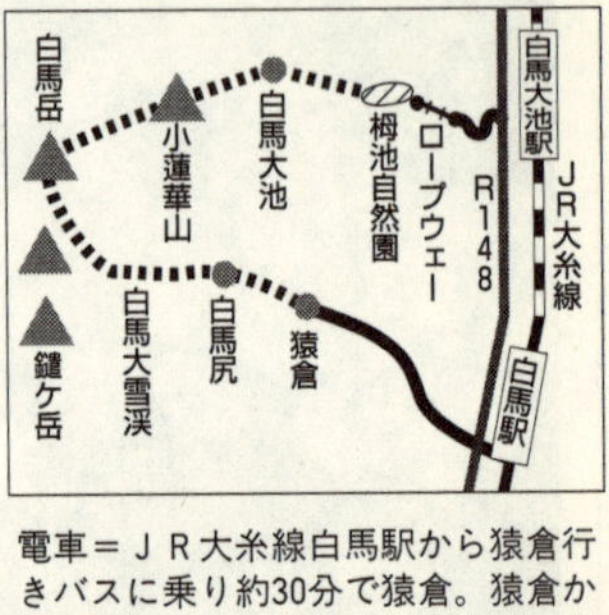

電車＝ＪＲ大糸線白馬駅から猿倉行きバスに乗り約30分で猿倉。猿倉からお花畑まで片道徒歩約６時間。車＝長野自動車道豊科ＩＣより猿倉まで約２時間。問い合わせ＝白馬村役場国際観光課☎0261-72-5000

耳をひっぱたいてゆく。頭の芯がからっぽになりそうだった。足元では、大きくしなったまま、風の力に負けまいと小刻みに体を震わせるミヤマキンバイやハクサンイチゲの花が、霧の中から現れては霞んで消えていく。カメラを出すことすらできない私の目に、その姿が焼きついて離れなかった。それからというもの、私は毎年季節を変えて幾度も訪ねるようになった。

栂池自然園からもよく登った。

まず、栂池自然園の北側にある天狗原《てんぐはら》から乗鞍岳の雪の大壁を登り、おわんを伏せたような頂上をすぎると、白馬大池が見えてくる。徒歩約三時間の行程だ。

湖畔のあちこちで、ハクサンコザクラに出会う。桜に似た花で、雪解けを追うように咲く。特に、湖畔に建つ大池山荘の近くから蓮華《れんげ》温泉へ下る道に入った辺りでは、かがんで見ると、その一帯が桃色に見える。岩を積みあげたかに見える乗鞍岳と、イナズマ形に枝を張ったダケカンバの森が借景になって、まるで庭園のようだった。珍しい花ではないけれど、白馬大池ほどたくさん咲くところは北アルプスでもそれほど多くはないだろう。

白馬大池から白馬岳へ向かうと、小蓮華山と白馬岳の鞍部に三国境《みくにざかい》と呼ばれるところがある。ここから白馬岳の方へ百メートルほど歩いた西側に、コマクサが群生している。少し離れているが、すり鉢のような斜面を帯状に紅く染めている。夕日に輝いているときはひときわ綺麗だが、夕方ここを通る登山者はよほど疲れているのだろう。ひたすら下を向いて歩いているので、見そびれてしまう人が多いようだ。浅緑の繊細な葉に包まれるように撫子《なでしこ》色の可憐な花をつけるこの花を、見ないで行くのはもったいない。

山に登りはじめた当時、高山になぜたくさんの花が咲くのか、不思議に思えた。後にいろいろな本を読んで、その多くが北極周辺などの寒冷地から、当時大陸と陸続きであった日本列島にやってきた花の末裔《まつえい》であることを知った。寒冷地の植物が日本にやって来て、やがて地球が暖かくなったとき、この一帯では北アルプスに、それも北部の白馬連峰に多く集まった。複雑な地形、気象、地質が、生きてゆくのに最も適していたのだろう。

白馬連峰の高山植物の中には、珍しい植物がたくさん含まれている。たとえば、直径五ミリほどでレモン色の花をつけるクモマキンポウゲや、ガク片が黒い毛に覆われているタカネキンポウゲは、日本では白馬連峰にしかない。

また、花をささえている総苞片《そうほうへん》の先に小さな角状の突起があるシロウマタンポポ、若竹色のシロウマチドリ、一九八七年に名前がつけられたムラサキシロウマリンドウなど、白馬の名を冠した花が九つに及ぶ。

お花畑がまた素晴らしい。真夏の雪渓を染めるシナノキンバイ、ハクサンイチゲ、ミヤマキンポウゲ……。お盆のころともなれば、橙色のクルマユリや桃色のハクサンフウロ、白いハクサンボウフウに、クロトウヒレンの赤墨色の蕾《つぼみ》が加わって見事な色合いのお花畑が出現する。

白馬大雪渓

この十九年間に白馬連峰の花をよく訪ねた。雨の日も、風の日も、花たちを訪ねた。強い風や雨で撮影できない日も多かったが、たとえば霧に煙るお花畑のように、悪天候であったからこそ撮れる趣のある写真も数多くあった。振り返ると、花たちを訪ねて歩く旅は、氷河期にやってきた寒冷植物の末裔たちが築いた、花の王国への旅であった。

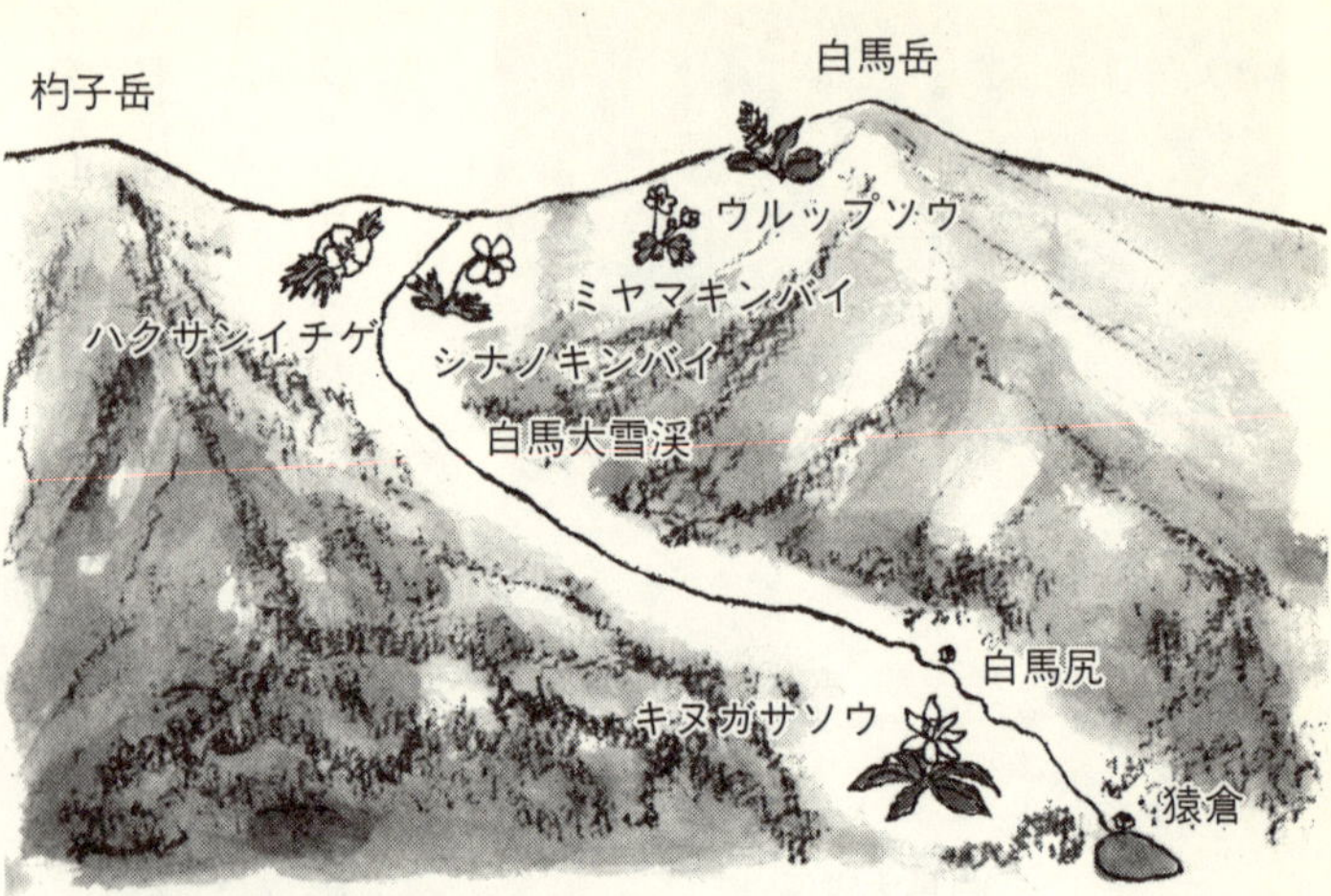

シナノキンバイ（信濃金梅）　キンポウゲ科

中部山岳の、高山のお花畑を彩る花の代表です。草丈は二十〜五十センチ、花は花弁状の黄色いガク片が五〜七枚で、花弁は花の中央で小さくなっています。和名は、信濃の山に多い、金色の、梅に似た花という意味です。

花期＝７月中旬〜８月上旬

美ケ原《うつくしがはら》の花の季節

中部山岳の中央に横たわる美ケ原。信州にたくさんある高原の中でも、花が美しい指折りの山である。五月に入ると、山腹では紅色のイカリソウや、しなやかな枝に五弁の黄色い花をぱらぱらとつけたヤマブキが咲きはじめ、六月半ばから八月の下旬までは、数えきれない色とりどりの花が高原の台上を彩る。

最初に高原一面に咲く花は、レンゲツツジだ。美ケ原は、浅間《あさま》連峰の湯《ゆ》ノ丸《まる》高原、群馬県境にある五《ご》味《み》池《いけ》破風《はふう》高原とともに、信州を代表するレンゲツツジの群生地である。毎年のように撮影に訪れるが、広い台上を浅緋色の花が埋めていて、その美しさに見とれてしまう。

しかし、レンゲツツジが咲くのは梅雨の時期なので、訪れる人が少ない。雨にぬれて咲い

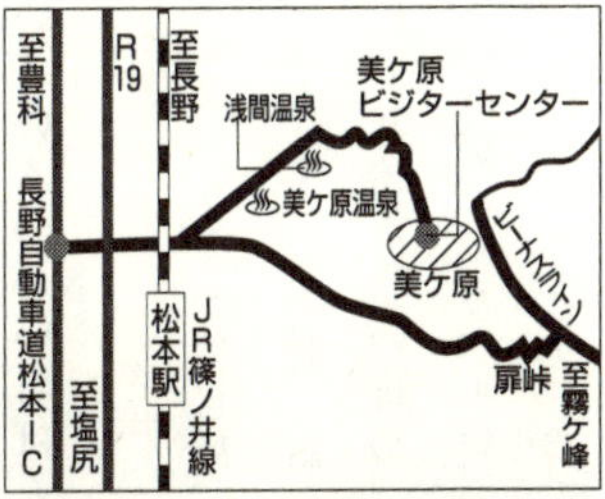

電車＝松本駅から美ケ原高原行きのバスに乗り約1時間20分で美ケ原ビジターセンター。ここから徒歩約20～30分で王ケ頭。車＝長野自動車道松本ＩＣより約1時間30分。問い合わせ＝松本市役所観光課☎0263-34-3000

ている姿は美しく、風情があると思うのだが……。

このころは、他にもたくさんの花が咲きはじめている。レンゲツツジの周りでは、オオヤマフスマの白い可憐な花を見かける。後ろに伸びた細い距までが黄色い、キバナノヤマオダマキも見かける。

もう十数年ほど前になるが、この美ケ原でアツモリソウをたくさん見かけたことがあった。案内してくれた方の話では、アツモリソウは昔はたくさんあった花だが、いつの間にか花盗人が持ち去ってしまい、ほとんど見られなくなったという。

昨年、美ケ原でそのアツモリソウに久々に出会った。七輪も花をつけている大きな株もあった。嬉しいやら、ほっとするやら、花は自生地で咲いているのがいちばん美しく見えると、つくづく思った。

梅雨があけると、高原に星をちりばめたように咲くウスユキソウをはじめ、二百種にのぼる美ケ原の花が一斉に咲きはじめる。なかでも、群生したヤナギランは、紅いジュウタンを敷いたようである。一面に咲いたレンゲツツジにもまして素晴らしい眺めだ。葉が柳に似て、花が蘭のように美しいことから柳蘭と名づけられているが、アカバナ科の花である。

ヤナギランに少し遅れて、美ケ原はコバギボウシとノアザミが目をひく。藍色に紅をさした花紫色のコバギボウシは、唐紅のノアザミと美しい色合いである。場所によっては、ヤナギランの花が混ざっているところもあり、ひときわ美しく見える。詩人尾崎喜八が、
「登りついて不意にひらけた眼前の風景に、しばらくは世界の天井が抜けたかと思ふ。」
と詩っているが、彼が驚いたのは東西三・四キロ、南北四キロという美ケ原の広さだけでなく、あまりに美しいお花畑がそこに広がっていたからではないだろうか。彼が訪れた季節を知らないので、この推理は間違っているかもしれないが、西に傾きはじめた太陽に照らされて輝くお花畑を撮影していて、私にはそう思えた。

美ケ原は星空も綺麗である。一九九七年の四月半ば、ヘール・ボップ彗星を美ケ原で撮影した。細い三日月のせいか、彗星が暗い西の空に短い尾を引いていくのが見えた。スバルやカシオペヤの星々が彗星の近くにちりばめられ、彗星を華やかに見せていた。

ヘール・ボップよりも十年ほど前に騒がれたハレー彗星も、美ケ原で撮影した。七十六年という、はるかな旅へ再び出かけるハレーが、たくさんの星がきらめく八ケ岳の上空で輝いていた。いずれの彗星もそれほど大きく見えなかったが、深い深い夜空にある姿は、言葉で伝えられないほど神秘的だった。二度と会うことのない彗星であるだけに、見られたことが幸運だった。ヘール・ボップ彗星は間もなく流れてきたガスに消され、ハレー彗星は、白み

はじめた夜明けの空に消えていった。

お盆が近づくと、美ケ原のお花畑はいっそう美しくなる。先にあげたヤナギラン、ノアザミ、コバギボウシに加え、淡い紫色で釣り鐘形の花をつけるツリガネニンジンが、風にそよぐ。斜めに細い茎を伸ばしたカワラナデシコが、薄紅色の繊細な花をつけている。黄色い花をぱらぱらとつけたキオンや、遠慮がちに下を向いて咲くコオニユリの花が咲いている。私は毎年のように訪れているが、周囲を取り巻く北アルプス、南アルプス、八ケ岳《やつがたけ》などの山々の表情が天気によって変わるので、そのつどお花畑を違う雰囲気に撮影できた。

美ケ原を最後に彩る花はマツムシソウである。和名は、マツムシ（スズムシの古名）の鳴くころに咲くことによるという。この花は、レンゲツツジと同じくらい、高原のすみずみまで咲く。場所によっては、アキノキリンソウの黄色い花や、小さな星形の花をつけたシュロソウ、タカネアオヤギソウが混ざっているところもある。最盛期はお盆の前だが、九月の初めまで楽しめる。

九月上旬、マツムシソウの名残《なご》りの花を探して飛んでいるクジャクチョウによく出会う。その名はギリシャ神話の美女イオから取られたそうだが、紅の地色に黄や江戸紫色の目玉模様の羽がボロボロになった姿は痛ましい。間もなく、高原は草紅葉の季節を迎える。

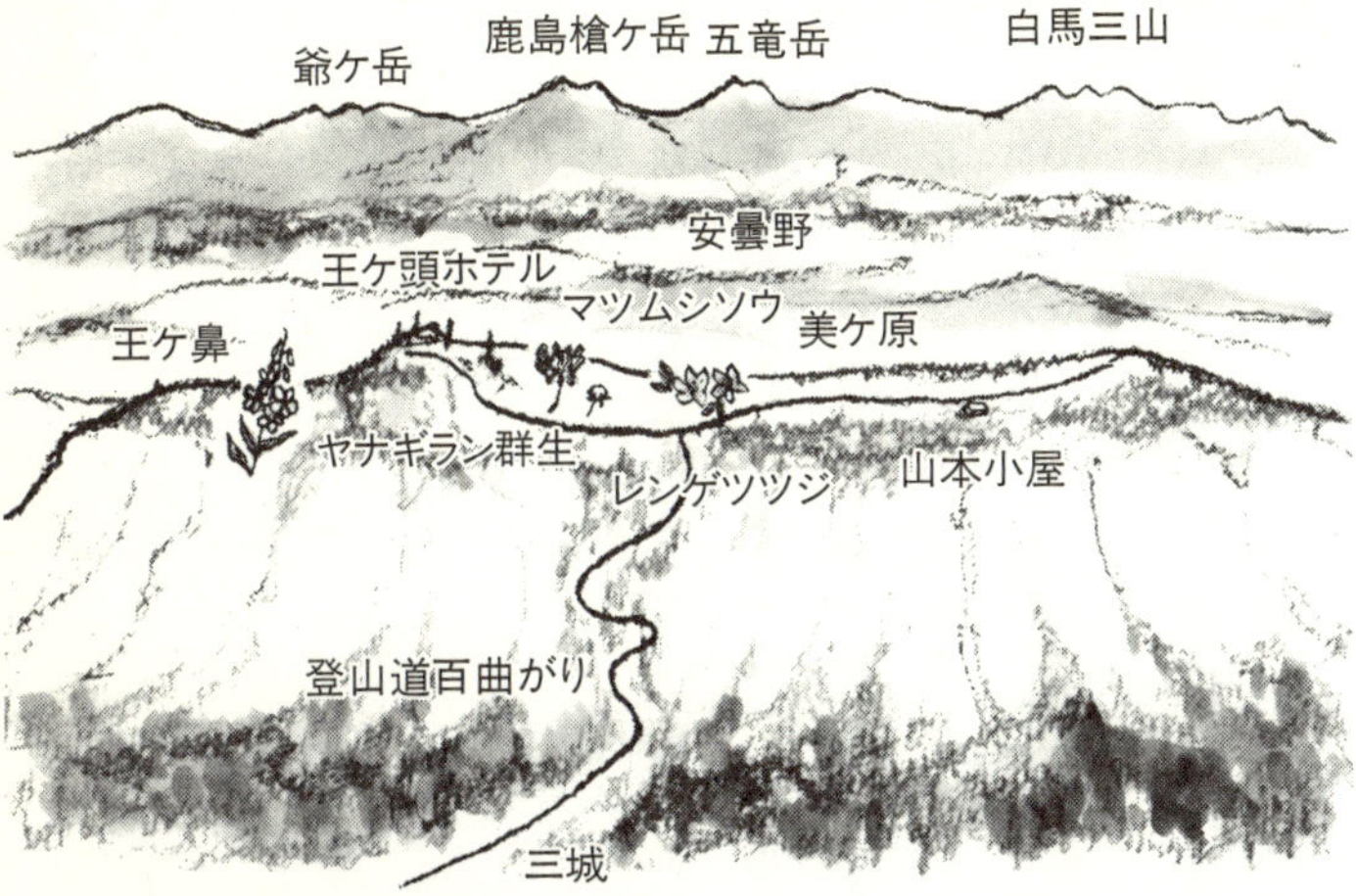

花期＝６月20日〜７月５日くらい

レンゲツツジ（蓮華躑躅）　ツツジ科

高さ一〜二メートル、花は柿色に近い紅色で、直径五〜六センチの漏斗《ろうと》状です。和名は、花が輪状につく様が蓮華（ハス）の花に似ていることに由来します。高原の牧草地に大群生するのは、牛馬が有毒であることを知って食べないからです。

中綱湖《なかつなこ》の花

仁科《にしな》三湖の一つ中綱湖は、他の青木湖《あおきこ》や木崎湖《きざきこ》と比べると小さく、湖というより池に見える。その岸辺から少し離れた水の中に、毎年カキツバタの花が咲く。

茎の半ばまで水に浸って咲く姿はまるで生け花のようだ。水面に青空や流れる雲が映り、さざ波で形を変え、見ていて飽きることがない。

なぜ岸から数メートルも離れた水の中で咲くのだろうか。水かさが増えたからだろうか、毎年見るたび気にかかる。

カキツバタは、搔付花《かきつけばな》もしくは書き付け花の意味で、花の汁を布につけて染めた古事に由来した和名である。よく似た花にアヤメがあり、「いずれがあやめかかきつばた」といわれ

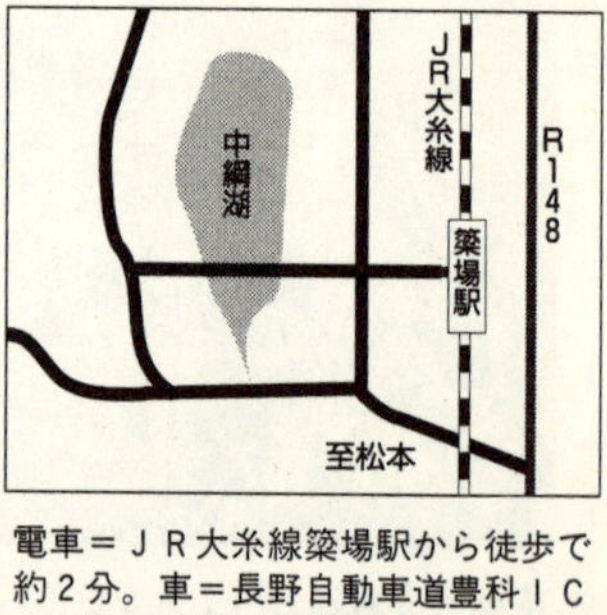

電車＝ＪＲ大糸線簗場駅から徒歩で約２分。車＝長野自動車道豊科ＩＣから約１時間で中綱湖。問い合わせ＝大町市役所観光課☎0261-22-0420

るように、この二つの花を見分けるのがむずかしい。大きな違いは、アヤメが草地に咲き、大きく垂れた花びらに金色の模様があるのに対し、カキツバタは水湿地で咲き、花びらの中央に白色が配されていることである。

だが、これだけでわかったとはいえないのがアヤメである。というのは、アヤメの植物学上の特徴は先に書いた通りであるが、アヤメはアヤメ科アヤメ属の総称であり、ハナショウブ（花菖蒲）園やジャーマン・アイリス園などもアヤメ園と書かれている場合が多い。

さらに理解しにくくしているのが、菖蒲湯に用いるショウブが、昔はアヤメと呼ばれていたことである。ショウブ（菖蒲）はサトイモ科で、池や溝などでアヤメによく似た剣形の葉を繁らせているが、花はミズバショウの棒状の花序によく似ていて、アヤメとは全く違っている。

カキツバタに少し遅れて、中綱湖ではキショウブが咲く。ヨーロッパ原産のアヤメ科の花で、明治時代に日本に渡来し、あっという間に日本各地に広まった花だ。全体が浅い黄色の花で、カキツバタとともに中綱湖を彩っている。

七月に入ると、中綱湖の南端にかかる橋のたもとにコウホネの花が、ピンポン玉くらいの黄色い花をつける。葉や茎の大きさに比べると小さい花だが、風情《ふぜい》がある。安曇野には少な

中綱湖の氷の模様

い、水辺の花のひとつである。ノコンギクやユウガギクが咲く秋の夕暮れもよく訪ねる。東側の道から眺めると、棚田も湖もその向こうの集落も、夕日に輝いて見える。背景の山はすでに陰になっていて、藍《あい》鼠《ねずみ》色に染まっている。

冬の中綱湖は、巨大な花を思わせる氷の模様が現れる。湖に氷が張り始めるときと、氷が解けていくときにできる、円や曲線の模様である。

その氷の模様は、夕暮れになると、刻々と変化していく空の色を映して浮かびあがってくる。たとえば、淡い空色からみるみる灰色がかった桜色に変わっていく。天色から薄紅色に変わっていく。

花期＝６月～８月

コウホネ（河骨）　スイレン科

池や小川などで時折り見かける水草です。水面から突き出た花柄の先に、直径四～五センチの黄色い花を上向きにひとつつけます。和名は、川に生え、太くて白い根が骨のように見えることから、河骨と名づけられました。

乗鞍《のりくら》高原と乗鞍岳《のりくらだけ》の花

北アルプスの南端に位置する乗鞍岳（三千二十六メートル）の山裾に広がる乗鞍高原は、右も左も山が迫り、あたかも乗鞍岳をすべり降りるスノーボードのような形をしている。

ここの魅力は、草木の花が咲く森と、あたりに水音をとどろかす大きな滝があることだ。それに、深い森の向こうに、剣ケ《けんが》峰《みね》を主峰とする乗鞍岳が長いスロープを描く姿がいい。

五月下旬、高原の中心にある一《いち》ノ瀬《せ》園地は、小川周辺に点在するシラカバの木々が芽吹きはじめ、うっすらと黄緑色に染まっていく。また、その付近一帯にはスモモの古木が点々とあって、白い五弁の花をたくさんつけている。後ろには、まだ頂上に雪をいただく乗鞍岳が見えている。そうした牧歌的な風景を撮影するために、私は何度訪ねたことだろうか。

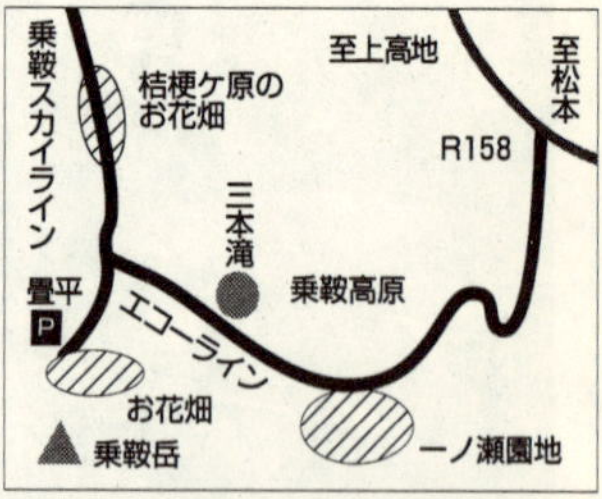

電車＝松本駅から松本電鉄上高地線に乗り、新島々駅で下車。駅前から乗鞍高原国民休暇村行きのバスに乗り継ぎ、鈴蘭前下車。一ノ瀬園地まで徒歩約30分。車＝長野自動車道松本ＩＣから一ノ瀬園地まで約１時間30分。問い合わせ＝安曇村役場観光課☎0263-94-2301

やがて、付近の草地には、純白の鈴を思わせるスズランが花をつけるが、少し時期が早かったのか、まだほとんどは淡い若竹色を帯びた蕾の状態であった。腰をおろして花に近づくと、かすかに甘い香りがした。

乗鞍高原温泉スキー場の三本滝《さんぼんだき》レストハウスの脇から、ツガ、モミ、ダケカンバなどが繁る原生林に入って三本滝をめざすと、道の脇でオオカメノキが、アジサイによく似た白い花を開きはじめていた。また、淡い紅色に縁どりされた星形の白い花をつけたツマトリソウも見かけた。深い森が放つ香気が漂っていた。わずかに森の中へ入っただけで、このような世界があることに驚いた。

三十分も歩いただろうか、滝の爆音が聞こえてきた。水量や趣が違う三つの滝が一ヵ所に集まっている三本滝である。乗鞍岳から流れた溶岩の末端であるここには、小大野川《こおのがわ》の滝、黒い沢の滝、無名沢《むみょうざわ》にかかる滝の三つが集まっている。

山の頂上から、幾筋もの白い線を引いて流れ落ちる黒い沢の滝と、堂々とひと筋に流れ落ちる小大野川の滝の前にある、小高い岩の上に立って三本滝を撮影した。崖に咲くイワカガミの紅色の花がしぶきに濡れていた。滝つぼに落ちる水音。岩盤を流れ下る小さな水音。木木を渡る風の音。耳を澄ますと、いろいろな音が聞こえてくる。

乗鞍岳のお花畑を訪ねたのは、スモモの花を撮影してからおよそ二ヵ月後の七月下旬だった。乗鞍高原の乗鞍エコーラインを通って、標高二千七百二メートルの乗鞍岳・畳平《たたみだいら》の駐車場まで一気に走った。ここは、車で行ける日本でいちばん高いところである。

畳平には、高山植物のお花畑が広がっている。私が訪れた七月二十日には、野球のグラウンドを二つほど合わせたくらいの草地に、ハクサンイチゲの白い花に覆《おお》われたところが何ヵ所もあった。

一九八二年に来たときは、このように咲いていたという記憶がない。たぶん、少し時期が違っていたのだろう。お花畑の奥へと続く遊歩道を歩いてゆくと、黄金色の花をちりばめたミヤマキンバイ、コーヒー色のクロユリ、淡い緑色をした珍しいハクサンイチゲの花などが咲いていた。

ちょっと恥ずかしかったのは、大きなザックに登山靴姿という私の格好が大袈裟《おおげさ》に映ったのだろう。行き交うたびに人が私のほうをチラチラ見るのだ。ここは高山なのだから、私の装備がほんとうなのだと自分に言い聞かせるのだが、どうも人目が気になってしかたがなかった。岳人が、乗鞍岳を敬遠するはずだと思った。

畳平のお花畑をひと回りした後、乗鞍岳の最高峰・剣ケ峰に登った。三千メートルを越える山には登れないと思う人も多いだろうが、ここは子どもでも登れる。だが、砂の多い礫地《れきち》の登りが続くので、しっかりした靴でないと歩きづらい。

畳平を出てから、約一時間半くらいで剣ケ峰の頂上に着く。途中、コイワカガミ、ミヤマダイコンソウ、ヨツバシオガマ、ミヤマオダマキなど、色とりどりの花が次々に顔を見せ、権現池《ごんげんいけ》が見えてくる稜線に出ると、コマクサが礫地を帯状に紅く染めている。

頂上からは、真下に広がる巨大な火口に、権現池が瑠璃色の水をたたえ、スケールの大きな眺望である。登山ガイドには、中部山岳の山々が三百六十度見えると書いていたが、すべて発達した積乱雲の下だった。

剣ケ峰を下り、駐車場に戻ってから、乗鞍スカイラインを走って桔梗ケ原《ききょうがはら》へ向かう。イワギキョウ、ミヤマキンポウゲ、ヨツバシオガマ、キバナシャクナゲなどが咲く桔梗ケ原のお花畑はそれほど広くはないが、東側はハイマツが海のように続き、その先は信濃の山なみが続いている。北には槍・穂高連峰が見える。ここでもその雄大な景色に、圧倒された。

今回取材をしてみて、乗鞍岳には予想以上に花が多いことがわかった。それも、高山植物の女王と呼ばれるコマクサをはじめ、イワギキョウ、ミネズオウなど、高山でもいちばん厳しい環境に生える花に出会えたことが何よりも嬉しかった。

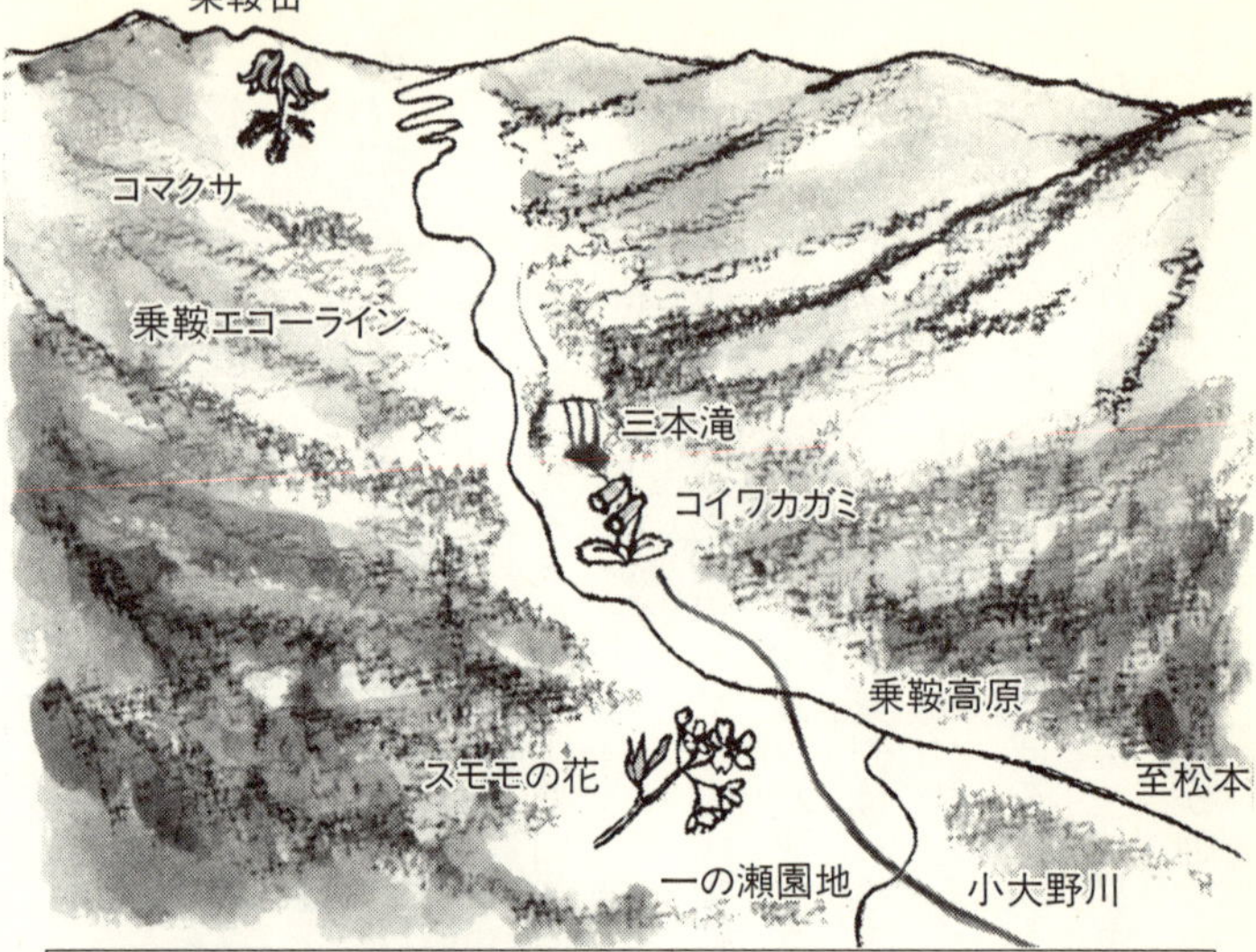

イワギキョウ（岩桔梗）　キキョウ科

高山の岩場や礫地《れきち》を飾る、とても上品な花です。十センチもない茎の先につく、長さ四センチほどの、大きな青紫色の花が印象的です。よく似たチシマギキョウは花冠に毛がありますが、イワギキョウにはありません。

花期＝７月下旬～８月中旬

立山《たてやま》・黒部《くろべ》アルペンルートの花

北アルプスを東西に横断する立山・黒部アルペンルート。大町市の扇沢《おうぎさわ》から、黒四《くろよん》ダム、大観峰《だいかんぼう》、室堂《むろどう》などを経て、乗り物で北アルプスを横断できる唯一のルートである。

このルートの、扇沢から黒部ダムを、私は幾度も往復した。

初夏の黒四ダム付近の岩壁には、橙色のコオニユリやクリーム色のヤマブキショウマが咲いていた。それほど多くはないが、黒部渓谷から吹き上げてくる風に大きく揺れていた。ここにはウチョウランもあると聞いていたが、すでに散っていたのだろう。私には見つけることができなかった。

黒四ダムがある黒部渓谷は、今はトロリーバスに乗って長いトンネルを抜けるだけで行け

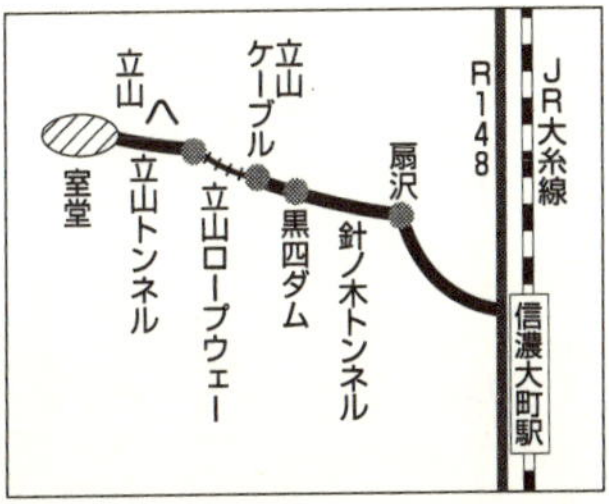

電車＝ＪＲ大糸線信濃大町駅から立山・黒部アルペンルートの扇沢駅に向かい、トロリーバス等を乗り継いで約３時間で室堂。車＝長野自動車道豊科ＩＣから扇沢駅まで約１時間30分。問い合わせ＝大町市役所観光課☎0261-22-0420

るが、かつては、「黒ゆり伝説」で知られる佐々成政《さっさなりまさ》のように、北アルプスの針ノ木峠《はりのきとうげ》を越えて行かなければならない秘境であった。深い峡谷であり、上流も下流も、十二単《じゅうにひとえ》のように山が重なりあっている。

大観峰駅は、立山の中腹にぽっかりと開けられたロープウェーの駅である。目の前に針ノ木岳や赤沢岳《あかざわだけ》、鳴沢岳《なるさわだけ》などがそびえている。七月下旬に通ったとき、駅の屋上に上がると、すぐ脇の岩壁で、コキンレイカがレモン色の花をつけはじめていた。垂直に近い岩の隙間で花をつけているので、風情があった。しかし、多くの人は山岳の大パノラマに釘づけになっていた。

ここからトロリーバスに乗って、立山の真下に掘られたトンネルを通れば、立山連峰に囲まれた室堂に着く。このような山岳ルートは、関西電力の黒四ダム建設があったからできたのだが、ほとんど歩くこともしないで標高二千四百五十メートルの室堂まで入山できることに、驚かされる。

一九九四年の七月下旬、花仲間と、室堂や室堂をとり巻く立山連峰の花を訪ねたことがある。予定では唐松岳を計画していた。だが、迫る台風をさけて、松本から大糸線の電車の中

黒部ダムから見た立山

で立山に変更した。

室堂に着くと、台風はどこに行ったのか、信じられないほどの快晴だった。急遽《きゅうきょ》申し込んだ室堂山荘は、台風接近で予約をキャンセルした客が多かったのか、私たちは二階の大きな部屋に入ることができた。窓いっぱいに、立山が見えた。

荷物を置いて身軽になった私たちは、さっそく室堂に咲く花を散策した。

白い五弁の花をつけたチングルマ。梅の花をひと回り小さくしたミヤマキンバイの黄金色の花。踊子を思わせるヨツバシオガマの唐紅《からくれない》の花。出会うたびに、かわるがわるルーペで見た。

にわかに訪れた室堂だったが、花にも天候にも恵まれた。夕食のとき、食堂の窓に沈んでいった紅赤の夕日が綺麗だった。

花期＝7月中旬〜8月上旬

チングルマ（稚児車） バラ科

高山の、雪が解けた砂礫地などに、カーペット状に白い花を咲かせます。花は梅の花を思わせ、直径三センチくらいです。花が終わると、種子をつけた花柱が三センチほどに伸びて羽毛状となり、風に乗って新天地をめざします。

第五章　秋、時雨《しぐれ》のころ

青木《あおき》湖《こ》畔のオミナエシとキキョウ

青木湖畔のキキョウとオミナエシ畑を撮影したのは、高山の花のほとんどが咲き終わるお盆前であった。

白馬連峰で一ヵ月間にわたる花の取材を終えて下山したばかりの私は、久し振りに車のハンドルを握って、大町から白馬村へ向かっていた。山に登る前はまだみずみずしかった北アルプス山麓の森は、すっかり濃い緑色に染まり、爺ケ岳、鹿島槍ケ岳、五竜岳と続く峰々にあった雪渓がなくなっている。

青木湖畔の南端に出ると、すぐにオミナエシ畑とキキョウ畑とが目に止まった。切り花として出荷された八月末の残り花を見たことはあるが、これほど真っ盛りのお花畑を見るのは

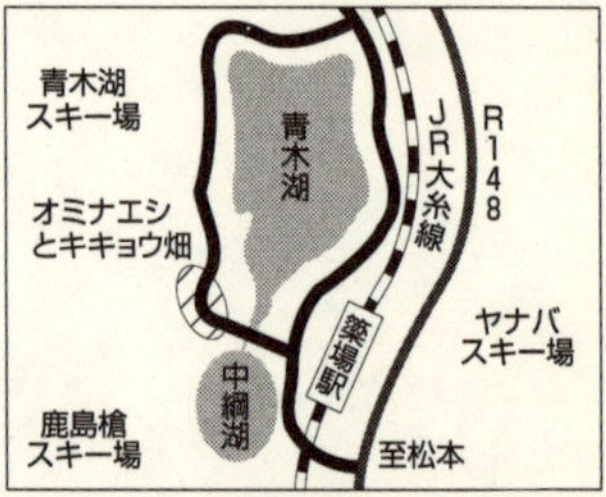

電車＝ＪＲ大糸線築場駅より徒歩で約30分。車＝長野自動車道豊科ＩＣより約1時間10分。問い合わせ＝大町市役所観光課☎0261-22-0420

初めてである。私は車を止め、さっそくカメラを取り出した。山での取材を終えたばかりなのだから、すぐに撮影をはじめることもないと思うのだが、花に出会えば、撮影しないではおれないのである。

お花畑は、道より一メートルばかり低くなっているので、俯瞰《ふかん》できた。オミナエシのように背が高い花は、目の高さくらいで撮影すると花が重なってしまうので、広がりが出ない。広角レンズを用いて遠近感を出そうとすれば、花と花の間が開きすぎて、構図がうまくとれない。その点、ここはたいへん撮影しやすい。一メートル高いだけで、花だけでなく、青木湖も大きく入れてフレーミングできるからだ。日が差してきそうにはなかったが、花が出荷されてしまうと困るので、少しでも光の条件がよくなるのを待つことにした。

腰を下ろしてぼんやりしているうち、昔のことを思い出した。青木湖畔のように家の近くを撮影するときは、よく息子がついてきたものだ。あれはもう、七年ほど前のことだろうか。当時、小学校三年生の息子に軽い一眼レフを持たせたところ、教えもしないのに、花に止まった蝶を撮ろうとしているのである。

その様子を見て、これはもしかすると才能があるのかもしれない、と真面目に思った。が、私が撮影をはじめると、長時間そこを動かないことが嫌になったのか、いつしか息子はついて来なくなった。

萩《はぎ》が花　尾花《おばな》　葛花《くずばな》　なでしこの花　女郎花《おみなえし》　また藤袴《ふじばかま》　朝貌《あさがお》の花

万葉の歌人、山上憶良《やまのうえのおくら》が詠んだ秋の七草は、だれもが知っている。けれど、昔はどこでも見かけたオミナエシやキキョウ（朝貌の花）の花を、里で見かけなくなった。

オミナエシは、きゃしゃで優しい姿から、漢字で女郎花と書く。恥ずかしい話だが、女郎と書けば遊女を想像する私は、どうも合点がいかなかったので調べてみた。すると、若い女性をさした言葉であった。

なるほど、夏の終わりごろ粟つぶのような小さな花を枝先に散房状につけ、風に吹かれて揺れるオミナエシの花は、若い女性を思わせる。青木湖のオミナエシは野生ではないけれど、優しい姿に変わりない。たくさん咲いているだけ、見栄《みば》えがする。

青木湖は、フォッサマグナ（大地溝帯）の断層湖で、西側は小熊《こぐま》山北部の山地に接している。深いところは六十二メートルもあり、西側の湖に突き出ている秋葉崎付近は、恐ろしいほど深い藍鼠色をしていた。この水は、湖底からの湧水であるという。

青木湖畔の道とともに、小熊山のトレッキングコースにもよく通っている。青木湖の南西にある鹿島槍スキー場から小熊山頂上へ向かう山道からは、右に少しかしいだ双耳峰《そうじほう》の鹿島槍ヶ岳をはじめ、五竜岳や爺ケ岳が目の前に迫ってくる。私にとって、山を歩くのもいいが、歩いた山を下から眺めるのも楽しみだ。幾度も歩いた峰々を見ていると、そこに咲いていた花のことが、懐かしく思い出される。

さらに進むと、東側の見晴らしがよくなる。真下には木崎湖から大町市街、安曇野、その向こうは中山山地や筑摩山地が続き、八ケ岳、富士山、南アルプスなどが見える。

私はその山なみを眺めながら、日本は狭いと、つくづく思った。大町から車で三時間もかかる浅間山や八ケ岳の麓がすぐそこに見えるし、さらに遠い南アルプスや富士山も、それほど遠くではない。見えないが、あの富士山のすぐ先は、太平洋の大海原が広がっていることになる。

しかし、取材となると安曇野だけでも広い。安曇野に移り住んで十九年になるが、すべてを撮影したなどとはとてもいえないのである。

青木湖畔にオミナエシやキキョウ畑があることを知ったのも、それほど前ではなかった。狭いようでも、いつ何に出会えるかわからない。

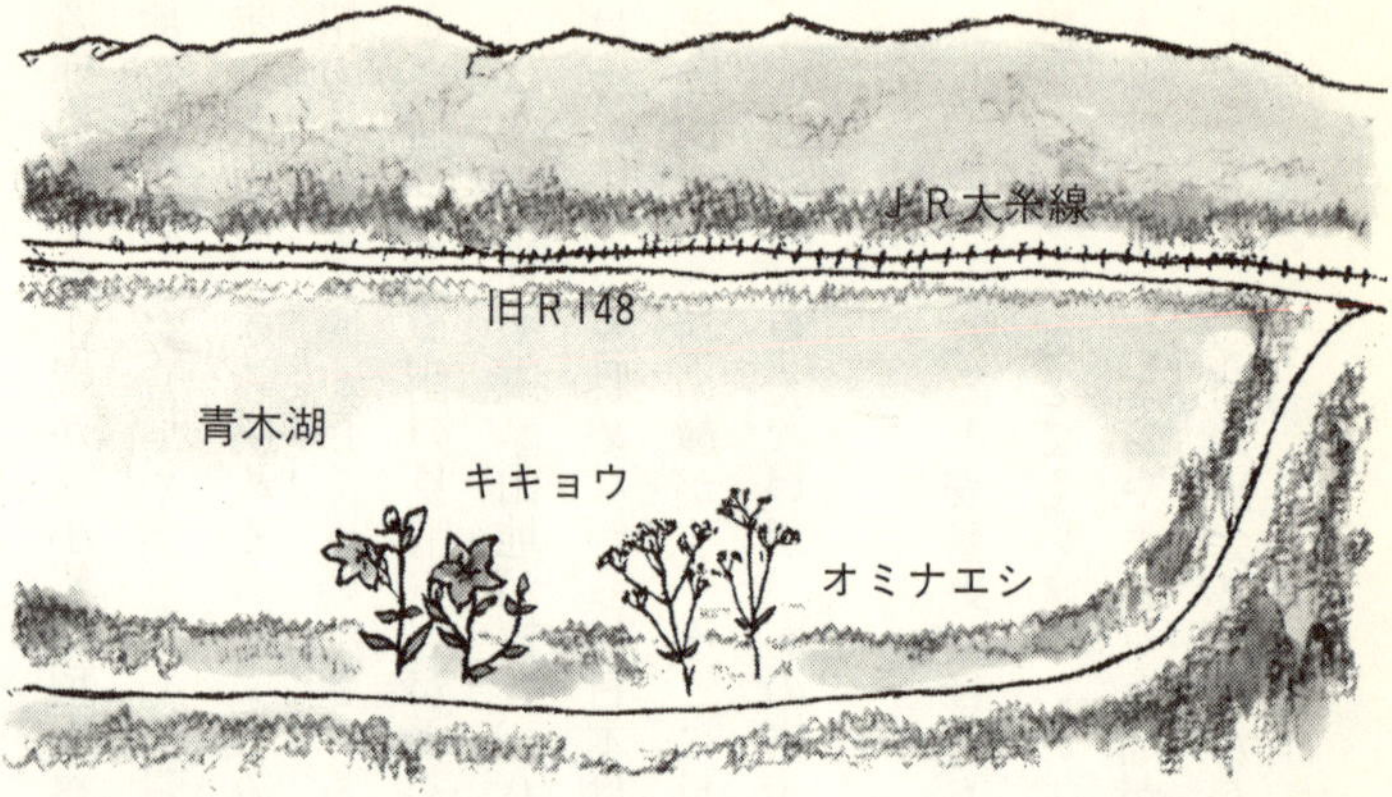

オミナエシ（女郎花） オミナエシ科

秋の七草のひとつで、万葉の時代から親しまれてきた花です。風にそよぐ優しい姿から女郎花の字が当てられていますが、粟粒のような小さな黄色い花を飯に見立てたオミナメシ（女飯）が語源であるともいわれています。

花期＝8月初め〜中旬

仁科《にしな》の里のソバ畑

ある場所からの景観がいかに素晴らしいかを知るには、四季を通して見ていなければわからないのではないかと思う。

仁科の里と呼ばれる、大町市東小学校付近から国宝・仁科神明宮へ続く山辺の道をよく通るうちに、そう思うようになった。車がやっととすれ違えるほどのこの道は、塩の道・千国《ちくに》街道と呼ばれる、中世からの古道である。

千国街道といえばすぐに、道ばたに佇《たたず》む石仏、道に覆いかぶさった樹々、そういった山間地の静寂な風景が思いうかぶ。

しかし、ここは視界がひらけていて見晴らしがよい。冬は田畑も北アルプスも見わたすか

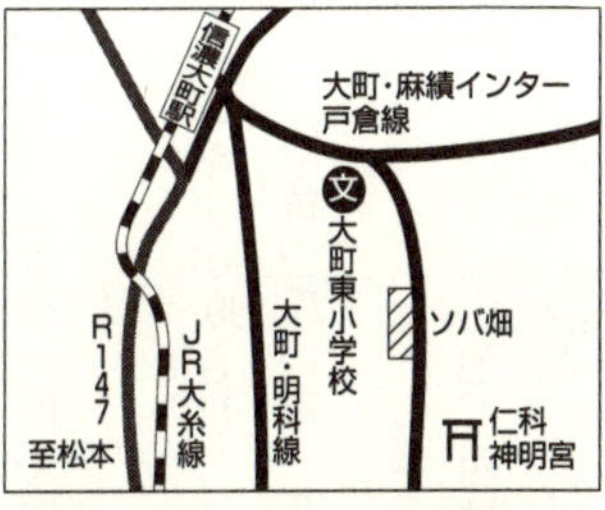

電車＝ＪＲ大糸線信濃大町駅よりタクシーで約10分。車＝長野自動車道豊科ＩＣより約40分。問い合わせ＝大町市役所観光課☎0261-22-0420

ぎりの銀世界が続く。春になると、田畑の畔が萌えいでた緑で縁どられ、日ごとに麓から緑が北アルプスを駆け登ってゆく。

そのような景色を見ていて感じることは、仁科の里は季節によって、まとう衣裳の色合いがずいぶん違うということだ。

九月初め、ソバの花が咲く。このソバ畑を見ていると、昔どこかで同じ風景を見たことがあるように思えてならない。それは、仁科の里に、絵本などに描かれている、美しい日本の原風景が残されているからだろう。

ソバは、小さな花が房状にたくさんつく。ルーペで見ると、白または淡い淡い紅色を帯びた白色の五弁の花に見える。が、花弁に見えるのはガクであり、花弁はないと聞く。地味な花だが、香りがとてもいい。

ソバの花が散って稲穂が色づきはじめるころ、この道にはノコンギクが咲きはじめる。珍しい花ではないが、端正な花をぱらぱらとつけ、仁科の里によく似合っている。花期が長く、霜が降りるころまで見かける花だ。

展望が素晴らしいこの千国街道に、館《たて》ノ内《うち》という地名がある。東は中山山地、西は高瀬川を隔て安曇野北部に面した段丘になっているところで、古くからこの地を治めた仁科氏が、平安時代後期から鎌倉時代初期まで居館を設置していたことに由来した地名だという。

現在、当時の面影を残しているのは仁科神明宮である。この神社は、伊勢神宮内宮の御厨《みくり》として仁科御厨が設置されたとき、この御厨鎮護のために、勧請《かんじょう》されたと考えられている。

社殿の形も、社殿配置も、伊勢神宮内宮の様式であり、二十年ごとに社殿を造り替える遷《せん》宮《ぐう》の慣行が南北朝時代から現在までのおよそ六百年間、一度も欠かさずに続けられているそうだ。本殿、中門、釣屋の社殿が、国宝に指定されている。

神社にもまして立派に思えるのは、周囲の森である。神社入口には、直径五メートルを超える、樹齢七百年の大杉がそびえている。社殿の周囲をはじめ、後ろの山は杉や檜の巨木がうっそうと繁っている。

ときおり私は立ち寄るが、その静けさに、心細く感じることさえあった。

仁科神明宮からの帰り道も、千国街道の景色が楽しみだ。野山の表情が刻々と変わってゆく夕暮れどきがいい。すぐに家へ帰るのがもったいなく思えて、畔道に腰を下ろしてその様子に見とれることもある。

この段丘地に仁科氏の居館があったのは、高瀬川の氾濫《はんらん》が及ばないというだけでなく、このたぐい稀な景観を仁科氏が愛したからではないかと、私には思える。

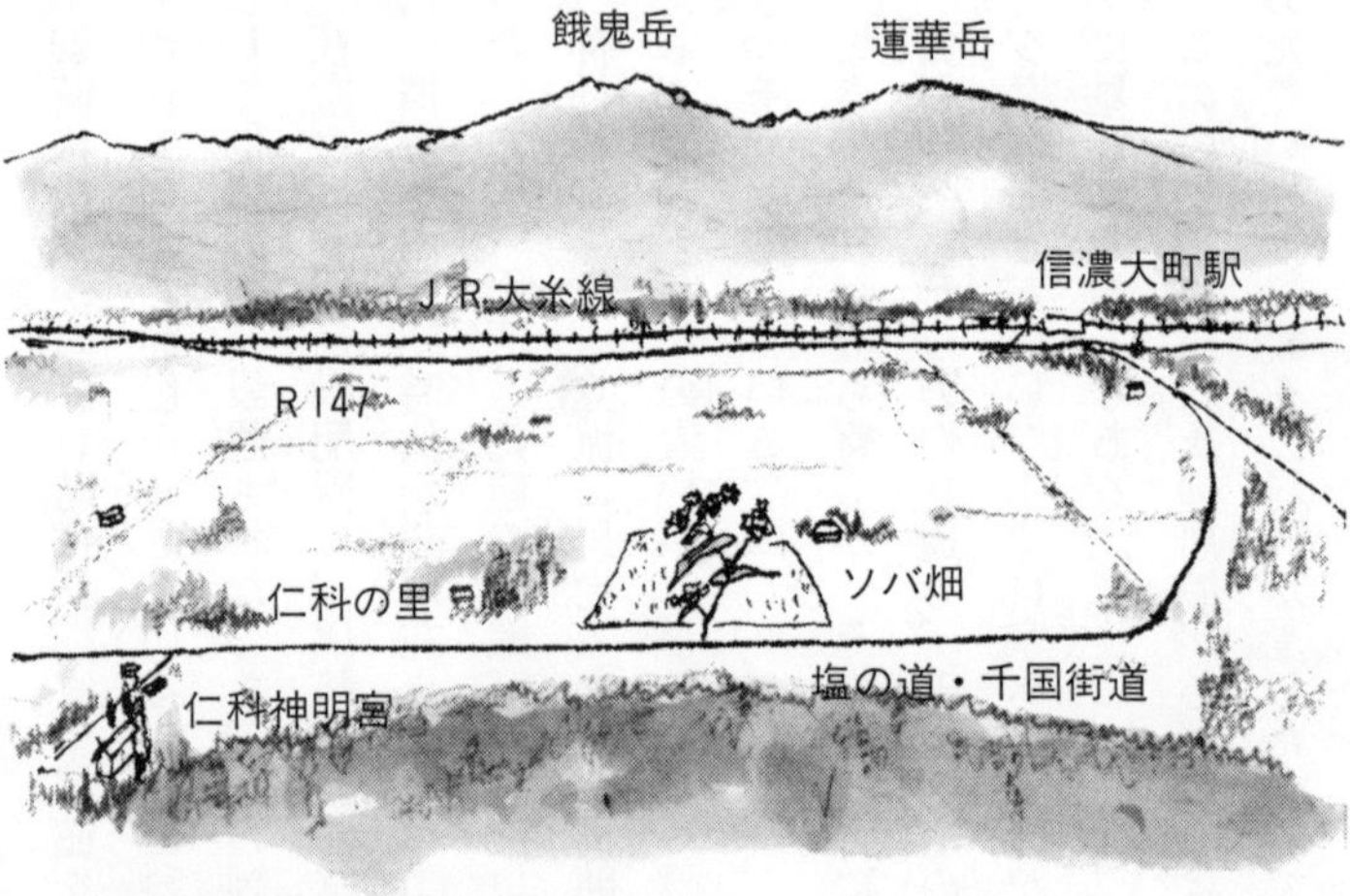

ソバ（蕎麦）　タデ科

中央アジア原産で、日本でも古くから栽培された植物です。草丈四十〜七十センチ、赤味を帯びた茎の先に、白または淡紅色の花をたくさんつけます。花が散ると間もなく、三角卵形の実を結びます。これを乾燥してひいたのがソバ粉です。

花期＝９月下旬

上高地から涸沢カールの秋

秋になると、上高地をよく訪ねた。

上高地の入口である釜トンネルを抜け、左に焼岳《やけだけ》を見ながら大正池《たいしょういけ》へさしかかると、目の前に穂高連峰が姿を現す。何度見ても、穂高連峰のスケールに圧倒される。そして、人を拒んでいるかのような険しさを感じる。

九月の下旬になると、穂高の稜線が色づきはじめ、その紅葉前線が日ごとに下りてきて、ウラジロナナカマドを朱や柿色に、ダケカンバを芥子《からし》色《いろ》に染めてゆく。やがて、梓川ぞいのケショウヤナギやオオバヤナギが、くちなし色から深黄色に変わってゆく。カンボクの、真紅の実を見かける。

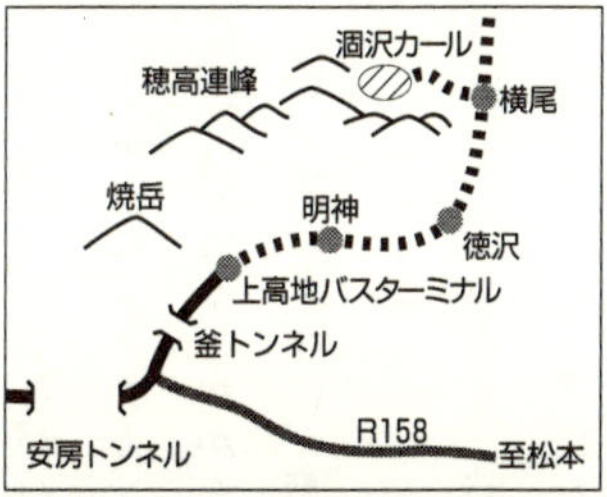

電車＝松本駅から松本電鉄上高地線で新島々駅下車。駅前からバスで上高地へ。上高地から涸沢まで徒歩約6時間（片道）。車＝長野自動車道松本ＩＣより安曇村沢渡の駐車場に車を置き、バスで上高地へ。問い合わせ＝安曇村役場観光課☎0263-94-2301

小梨平《こなしだいら》にテントを張って、放射冷却で川霧がかかる朝の森や、白い雲が湧く稜線、夕日に染まる山などを撮影していると、上高地を世界に紹介した英国人宣教師ウォルター・ウェストンが、ここを「神仙境《しんせんきょう》」と書いたことがうなずける。人影のない早朝や夕暮れはなおさらであった。

もう七年ほど前になるだろうか、前穂高岳が正面に見える徳沢から上高地へ帰る雨の道で、赤い傘をさした人に出会ったことがある。道は針葉樹や落葉樹が覆いかぶさって、芥子色の落ち葉がほどよく敷きつめられていた。木々の葉を打つ雨音だけが聞こえていた。赤い傘が点景になって、ソフトパステルと水で描いた絵を思わせた。

前穂高岳から岳沢を下って、上高地に帰る登山道でも雨に会ったことがある。濡れた森の匂いがここちよい。角が尖《とが》った消し炭色の石の間を埋めるように、ダケカンバやカツラの芥子色の葉が散っていた。落ち葉は、雨の中がいちばん綺麗に見える。かがんで見ると、葉の上に小さな水滴がたくさんあり、そのひとつひとつが凸レンズのように、葉脈を拡大して見せてくれる。

秋の涸沢もよく訪れる。奥上高地の横尾から、横尾谷に沿っておよそ三時間ほど登ると、涸沢カールの底にテント場が見えてくる。私もテントを張って、今までにたくさん紅葉を撮影してきたが、穂高の峰々に囲まれた涸沢カールほど、雄大なところを知らない。上高地から見る穂高連峰に優るとも劣らない景観である。

涸沢カールでは特に綺麗な星空を見た。四年前の秋だったが、星の光が月のように明るく感じられた。天の川が前穂高岳の北尾根から北穂高岳の方向にかかり、天頂はカシオペヤ座や白鳥座の星々が輝いていた。私は北アルプスの山々で星空を撮影してきたが、星の光で紅葉が見える夜空は初めてだった。私の想像を超えた明るさだった。足もとの石が、みんなちかちかと光っていた。もしかすると体調がおかしいからそのように見えるのではないか、と心配したほどである。星月夜とは、このような夜空のことをいうのだろう。

この季節、昼間の日差しは暖かいのだが、夜は霜が降り氷が張る。だから星空の撮影は、寒さをいかにしてしのぐかにある。持ってきた衣類や雨具のすべてを身につけても、寒くてしかたがない。私はレスキューシートを広げ身にまとった。薄いアルミ箔でできたこのレスキューシートは、万一のときにと、北アルプスを十六年間ザックに入れて持ち歩いてきたが、今まで一度も開いたことがなかった。月の光に浮かぶアルミ箔をまとった姿を、もしだれか見ていれば、異星人のように見えたかもしれない。しかし格好どころではない。何とか寒さをしのぎ、レンズに霜が降りないように心を配りながら撮影を続けた。

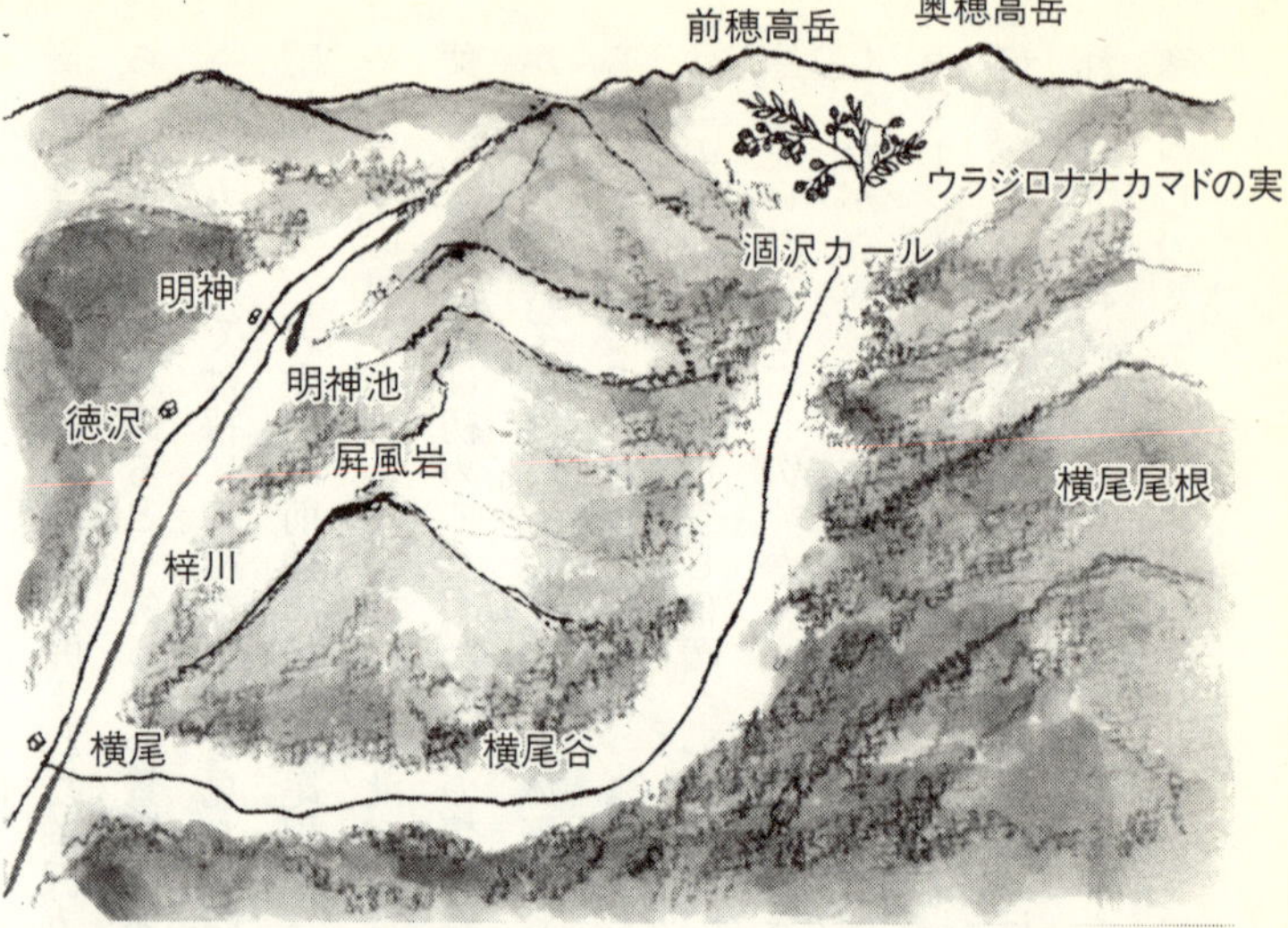

カンボク（肝木）　スイカズラ科

花はオオカメノキやガマズミに似ています。しかし、オオカメノキやガマズミの実が上を向いてぱらぱらとつくのに対し、カンボクの鮮やかな真紅の実は下に垂れているので区別できます。また、カンボクの葉は三つに裂けるのが特徴です。

実の時期＝10月～11月

秋の栂池《つがいけ》自然園

栂池自然園では、十月の初めに紅葉前線が白馬連峰から駆け降りてくる。茶子色のダケカンバ、朱や柿色に染まったウラジロナナカマド、小麦色のオオカメノキ、香色の枯れ草など秋色のパズルに、灰緑のツガが混じっている。

私は栂池高原からゴンドラリフト、ロープウェーを乗り継いで、毎年のように訪れる。そのときロープウェーをひとつ遅らせてでも、窓ぎわに乗る。窓からは、樹海を思わせるダケカンバやツガの広い森と、その先に屏風《びょうぶ》を立てたようにそびえる北アルプスの峰々が撮影できるからだ。

とりわけ、北アルプスの稜線近くから斜光が差す夕方がいい。すぐ前を近づいては遠ざか

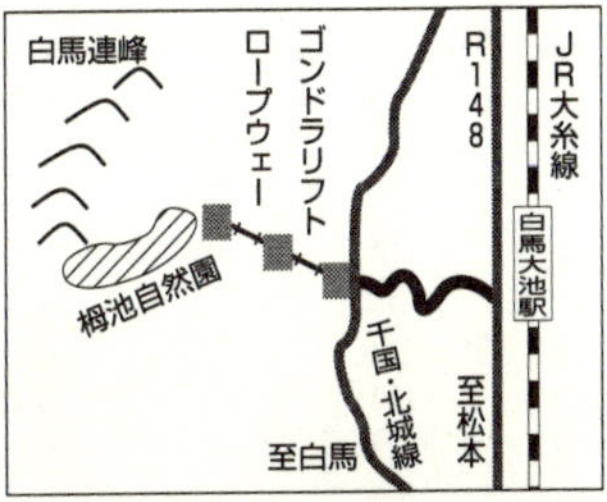

電車＝ＪＲ大糸線白馬駅から栂池高原行きのバスに乗り終点で下車。ゴンドラリフトとロープウェーを乗り継いで栂池自然園へ。車＝長野自動車道豊科ＩＣから栂池高原まで約１時間40分。問い合わせ＝小谷村役場観光課☎0261-82-2001

ってゆく、イナズマ形に枝を広げたダケカンバが暗い林床から浮かびあがって、まるで仁王が両手を空に向けているかに見える。

昨年訪れたときは、道草をしたため、湿原の入口に建つ栂池ヒュッテに着いたのは、夕暮れになってからだった。

ヒュッテ前のぶ厚い木のテーブルのすぐ脇に、砥《と》の粉《こ》色の葉に隠れるようにして、五ミリほどの真赤な丸い実をつけたマイヅルソウがあるのに気づいた。よく見ると、近くにはゴゼンタチバナの実もあった。大きさはナンテンの実ぐらいだろうか、マイヅルソウの倍近くはある。

夕食のとき、星がきらめきはじめた。外に出てみると、暗くなる寸前の濃い紺色の空に、白馬連峰の稜線がシルエットに見えた。

近くを流れる谷の水音。森を渡る風の音。ふいに通りすぎる風の音。北アルプスの山ふところに少し入っただけにすぎないが、妙に感覚がとぎすまされてゆく。

翌朝はよく晴れた。それほど赤くならなかったが、白馬岳や小蓮華山の山腹の森が薄紅色に染まってゆく。白馬岳の右肩に、右側が少し欠けた月がかかっていた。

山を撮影してから、ミズバショウ湿原を歩いた。枯れはじめたミズバショウやオタカラコウの巨大な葉ばかりが目立つなかで、風に揺れる青紫色のヤマトリカブトの名残りの花が綺麗だった。小さなサクランボウを思わせる、紅赤に染まったオオバタケシマランの実に周りの枯れ草が映っていた。花と実の季節が、間もなく終わることが感じられた。

昼食をすませてから、鵯峰《ひよどりみね》に向かう。

自然園から白馬大池の方に少し登ると、鵯峰の道標があり、ネマガリダケの脇や、ダケカンバの大きな枝をくぐり抜けてゆく細い道が続いていて、終わりはロープウェー栂大門駅の近くへ出る。

途中、小蓮華山や白馬三山、五竜岳などが、淡いりんどう色で描いた絵のように見えていた。登るとき、ロープウェーから真下に見た森が一望できた。

東側は、さざ波のような信濃の山地が続き、その山地と北アルプスの間に、稲穂で山吹色に染まった白馬村の盆地が見え、その先も両側を山に挟まれた山間盆地が続いていて、日本を東西に分けるフォッサマグナ（大地溝帯）がひと目だった。

栂池自然園とちがって、ここまでやってくる人は滅多にいない。聞こえるのは風の音と、落ち葉をふみしめる自分の足音だけだ。ユキザサやナナカマド、ゴゼンタチバナの実が風で揺れるたびに、挨拶をしてくれているように感じられた。

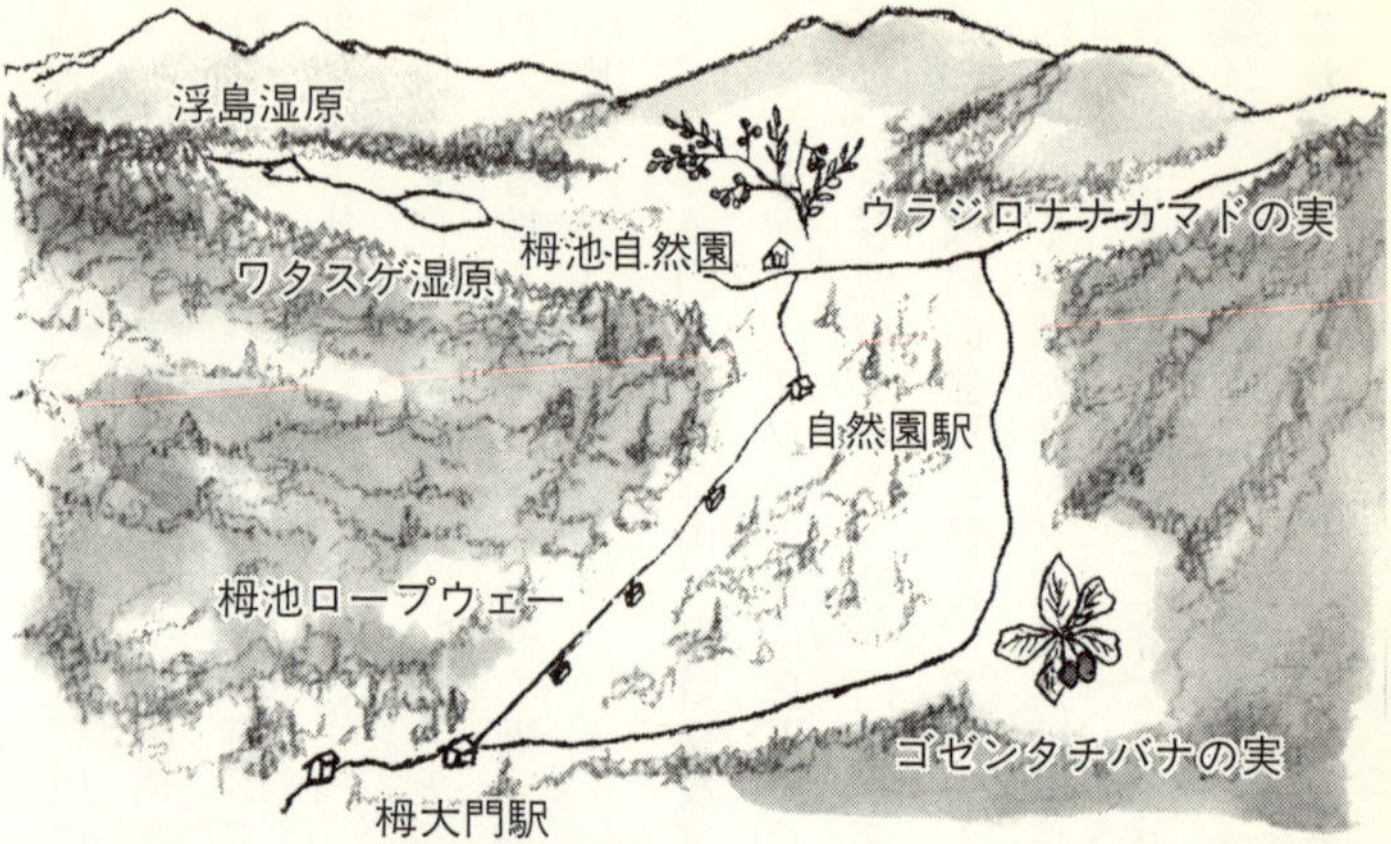

マイヅルソウ（舞鶴草） ユリ科

葉の形が、鶴が舞っている姿を思わせることからの和名です。初夏に、直径五ミリほどの白色の花をぱらぱらつけますが、小さいので目立ちません。しかし、秋になると実が真っ赤に熟し、思わずかがんで見たくなるほどの美しさです。

実の時期＝10月〜11月

秋の乗鞍岳《のりくらだけ》

乗鞍岳を染めあげる木々の紅葉は、ところどころ針葉樹が混じっていて、色合いがとても綺麗だ。山腹が広く、その深い森に魅せられる。

なかでも、乗鞍高原から乗鞍エコーラインを走って頂上へ向かう途中にある位ケ原の森が見事で、私は幾度も撮影に訪れた。信州の高山には紅葉の名所が幾つもあるが、位ケ原ほど広い紅葉の森を私は知らない。乗鞍大雪渓付近から見ると、ダケカンバやナナカマドの紅葉の上部は、ブロッコリーを敷きつめたようなハイマツの森と接し、その森の向こうに槍・穂高連峰が見える。

位ケ原の紅葉の中で、ひときわあでやかに見えるのはウラジロナナカマドだ。イチゴの実

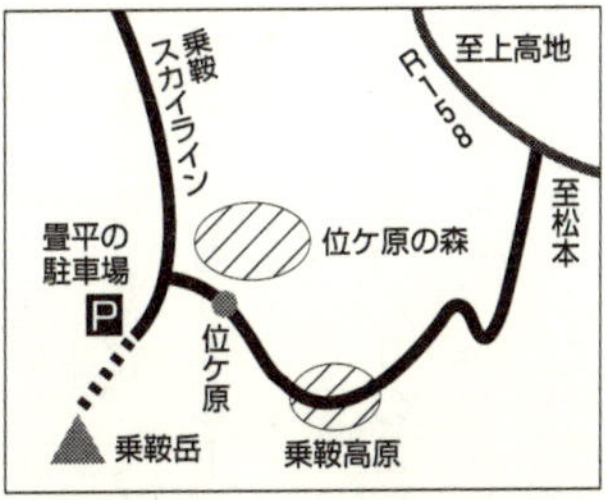

電車＝松本駅から松本電鉄上高地線に乗り新島々駅下車。駅前から乗鞍行きバスに乗り位ケ原山荘下車。車＝長野自動車道松本ＩＣより乗鞍位ケ原まで約２時間30分。問い合わせ＝安曇村役場観光課☎0263-94-2301

のような色をしたものから珊瑚色、柿色と、あでやかに染まっている。

また、ウラジロナナカマドは紅葉だけでなく、実も魅力的だ。夏の間は青竹色なので目立たないけれど、九月下旬になると葉よりも先に紅色に染まり、葉が散ったあとも濃い真紅の実が残る。

もう何年か前になるが、晩秋に、雪の綿帽子をかぶったウラジロナナカマドの実を見かけた。しなった枝がいっそう弓なりになっていた。モノトーンの雪景色の中で、赤い実がひときわ目をひいた。

乗鞍の大雪渓をすぎるとまもなく、稜線に出る。左にとればすぐに畳平の駐車場だが、右に曲がって乗鞍スカイラインを下ってゆくと、芥子色のダケカンバの紅葉と濃い緑のハイマツがとなり合わせになった「森林限界」を間近に見ることができる。夏に、ミヤマキンポウゲの黄色い花や赤いヨツバシオガマが咲く桔梗《ききょう》ケ原《はら》をすぎてから、もう少し下った四ツ岳の山腹だ。

森林限界は、等高線のようになっているのではない。たとえば日当たりのよいところは、比較的に高いところまでダケカンバの森があるし、北斜面の谷すじも、かなり高いところまでダケカンバを見かける。遠くから見ると、その境界線は鋸の刃のようだった。標高が高いところに生えているダケカンバほど、イナズマ形に曲がった枝や大小のコブをたくさんつけた薄鈍色の幹が、風雪に耐えた壮絶な姿をしていた。

秋は大気が澄んでいるので、信州の山なみがひときわ遠くまで見える。その山なみを撮影するために、私は乗鞍スカイラインの桔梗ケ原にある駐車場へよく行く。東に伸びた硫黄岳《いおうだけ》ノ尾根《おね》の先に、槍・穂高の峰々が見え、その左には、おわんを伏せた形の焼岳が、わずかに白い煙をあげている。右側には常念山脈が続いている。

硫黄岳ノ尾根も森林限界がはっきりしている。稜線からハイマツ帯があり、その下に、ダケカンバの芥子色の森が続いている。ウラジロナナカマドだろうか、ところどころ、濃い紅色の木が混ざっている。

乗鞍エコーラインの稜線に出る直前に、ご来光遥拝場と呼ばれるところがあり、ご来光に合わせて車を走らせたことがある。着いたときはまだ薄暗く、八ケ岳《やつがたけ》や浅間山《あさまやま》へ続く山々が、押し寄せる大波のように見えた。

やがて、八ケ岳の稜線から太陽が顔をのぞかすと、位ケ原の森に流れるガスが朱色に染まり、その下に乗鞍高原の家々がうっすらと見えた。ガスが流れ去ると、太陽にかかった雲が黄金色に輝いた。

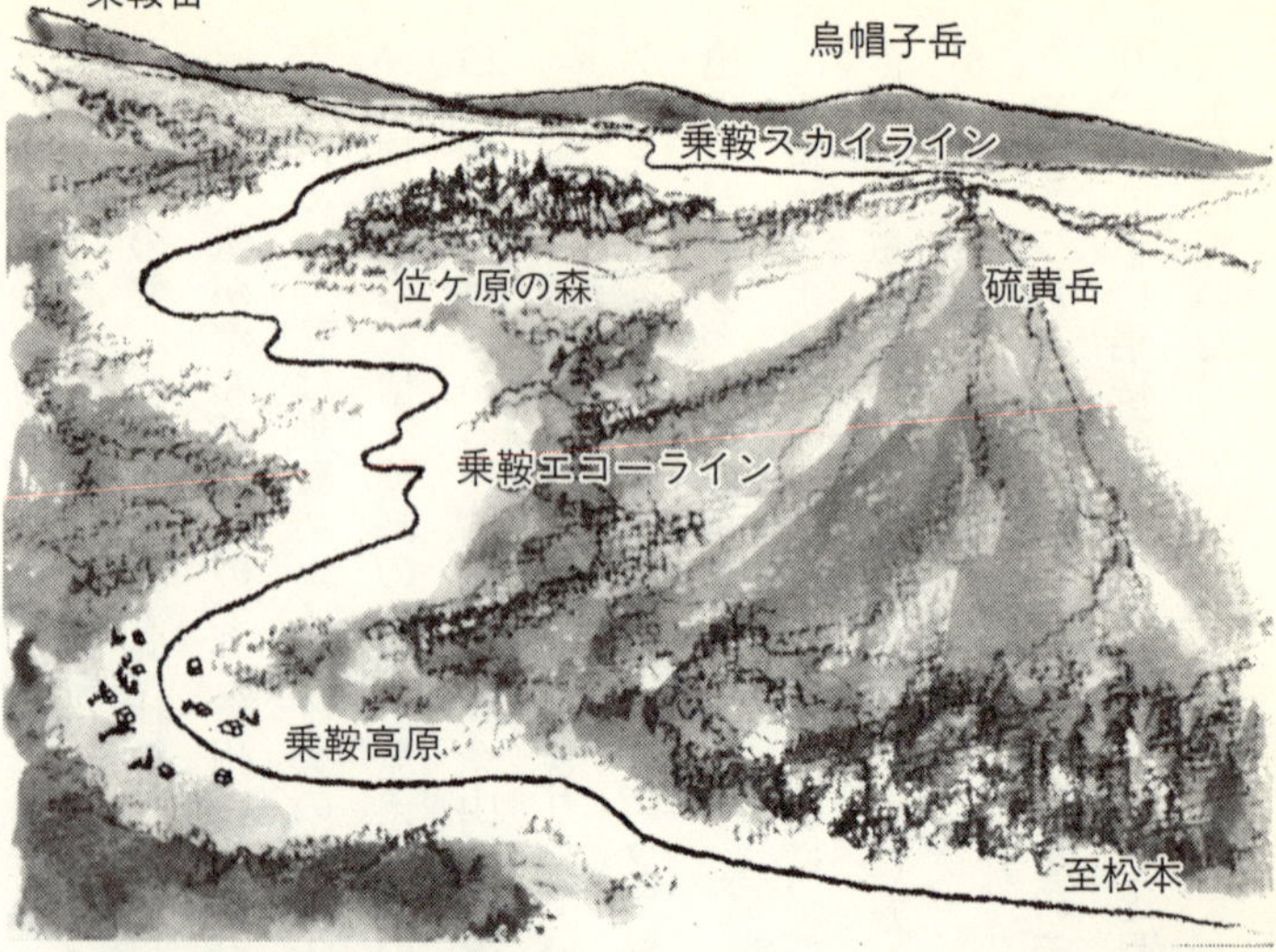

ウラジロナナカマド（裏白七竈） バラ科

よほど堅い木なのでしょう。七度竈に入れても焼け残るという意味の、面白い和名です。ナナカマドやタカネナナカマドとの違いは、葉の裏が粉白色をしていることと、実が垂れずに上に向きます。実は、柿色から真紅へと変わってゆきます。

実の時期＝10月〜11月

私の散歩道・唐花見《からけみ》湿原

観光コースからはずれているために、大勢の人が押しかけることもなく、いつ行ってものんびりとできる湿原が安曇野には幾つかある。静かに一人で歩いたり、腰をおろしてぼんやりするのによい。

唐花見湿原もそのひとつで、大町市の東にある鷹狩山《たかがりやま》を越えて車で二十分ほどの、野球場を二つくらい合わせた湿原である。

途中、鷹狩山頂上付近から北アルプスの眺望が素晴らしい。見たことのない人にどう説明すればよいのだろうか。登って来た雑木やカラマツの森の向こうに大町市街と田んぼが広がっていて、ところどころ神社の杜《もり》が点在している。その後ろは、横一列に並んだ北アルプス

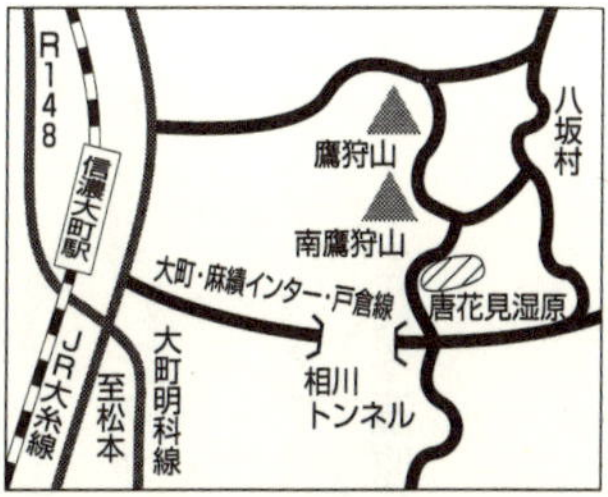

電車＝ＪＲ大糸線信濃大町駅よりタクシーで20分。車＝長野自動車道豊科ＩＣより約１時間。問い合わせ＝八坂村役場観光課☎0261-26-2001

の峰々が連なっている。

いつも見ている景色だが、そのときの気象や光の差し方によって、まったく違う光景に見える。北アルプスの中腹に虹がかかったり、雲間から差した光芒に大町の市街が照らされたときなどは、本当にすごいところだと思えるのである。

湿原は、ミズナラにシラカバやホオノキが混ざった森と、ソバやダイコン畑の丘に囲まれている。山小屋風の休憩所が駐車場にあり、その前に車を置いて湿原へ向かう。

早春、湿原までの林の小径には、タチツボスミレが咲く。まだ辺りに雪が残る日だまりに咲いているこの花を見るたびに、俳句でいう冬スミレとは、このような感じのものをいうのだろうと思った。

湿原には幅一・五メートルほどの立派な板敷の遊歩道がつけられていて、その下には森を思わせるスギゴケが密生している。

初夏は、純白の花びらの縁に紅色をさしたコナシの花や、レンゲツツジ、ノリウツギ、紺藍色のサワギキョウ、明るい黄色のクサレダマなどがヨシやアブラガヤの茂る湿原に点々と咲き、花の近くを通るたびに足が止まってしまう。

夏になると、湿原の南端の小さな池に、ヒルムシロやヒツジグサが咲く。

ヒツジグサは未《ひつじ》の刻、つまり午後の二時ごろに花を開くことからの和名だが、必ずしもその時間とはかぎらないようだ。日本古来のスイレンで、唐花見湿原では青みがかった薄墨の水に咲いているので、ひときわ白く見える。

また一昨年の晩秋に訪れたときには、群生しているミヤマウメモドキが、少し離れた畑の道から赤い波のように見えた。コナシやマユミなど、赤い実をつける木は他にもあるが、実をつける木がこれほど群生しているところを、信州では他に知らない。人のいない静けさの中で夕日をあび、ひときわ赤く映えていて、とても印象的だった。

昨年の晩秋は、カメラ雑誌に載せる霜の写真を撮影に編集者と訪れた。果たして、ミヤマウメモドキの利休鼠色《りきゅうねずみ》の林に、霜で白く化粧した朱色の実が、ひときわ映えていた。寒々とした晩秋の趣があった。何枚ほど撮っただろう。やがて山の端から日が差してくると、みるみる霜は解けていった。

ミヤマウメモドキの実が赤くなるころ、ヒツジグサの草紅葉が見られる。アブラガヤやサワギキョウなどの枯れ草に囲まれた池に、ヒツジグサの緋《ひ》色や柿色の丸い葉が重なり合っていて、そこだけが華やいで見える。木道に腰をおろし、ぼんやり眺めていると、時がすぎるのを忘れてしまう。

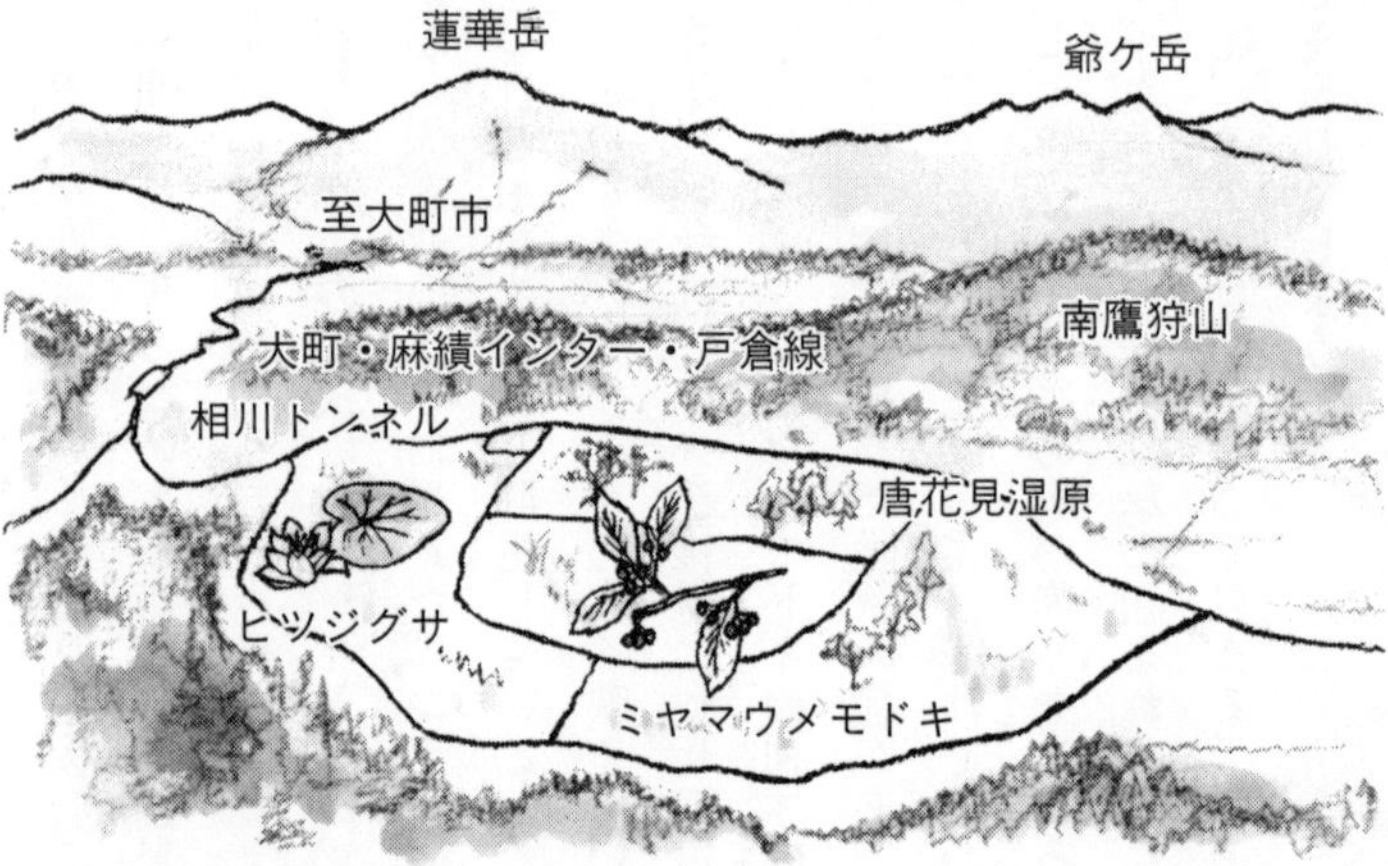

ミヤマウメモドキ（深山梅擬） モチノキ科

山中の湿地に生える、高さ二〜三メートルの落葉低木です。六月ごろ、葉に隠れるようにして直径四ミリくらいの白い花が咲きます。果実（直径六ミリ）も小さいのですが、赤く熟し、枝いっぱいにつくので、遠くからでもよく目立ちます。

実の時期＝10月〜12月

第六章　冬、冬の華《はな》を訪ねて

霜の華

前の畑が霜でうっすらと白くなっていることに気づいて、ああ、間もなく植物は長い冬籠《ごも》りの季節を迎えるのだと思った。

さっそく外に出てみる。バリバリ音がするほどの霜柱ではないが、少し土が持ち上げられている。放射状に葉を伸ばして地に伏したオオマツヨイグサのロゼットが、霜で白く縁どりされている。枯れずに緑色の葉をつけたムラサキツメクサが、霜で化粧している。あたりがエノコログサなどの枯れ草色の中で、緑の葉を残した植物が健気《けなげ》だった。

冬に入って、星がまたたく寒い夜だと、翌朝は霜が降りる。霜は周知のとおり、寒さで地表の熱がうばわれるときに発生する水蒸気がすぐに結晶して枯れ草などに付着したものだ

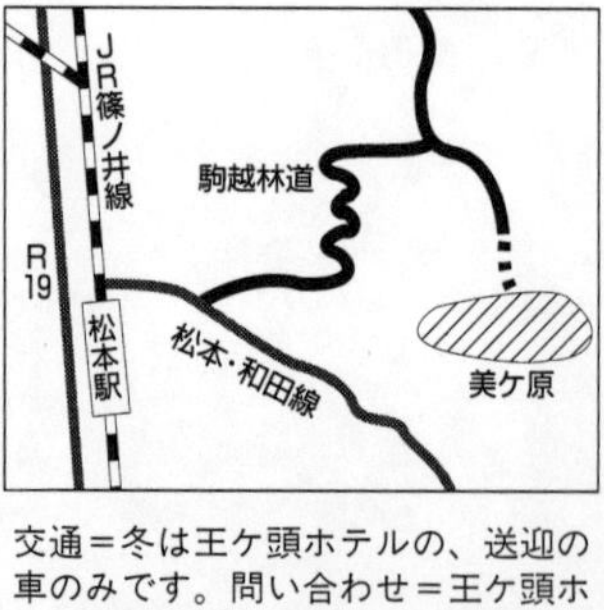

交通＝冬は王ケ頭ホテルの、送迎の車のみです。問い合わせ＝王ケ頭ホテル☎0263-31-2751

が、よく見ると、とても綺麗だ。寒さが一段と厳しい美ケ原では、見事な霜の華が咲く。

雪の中から突き出た、イタドリの細い茎についた霜が印象に残っている。ルーペで見ると、白い花が咲いているかに見えた。真っ白い蝶がたくさん止まっているようにも見えた。結晶が七ミリほどに成長した、紙のように薄いその霜の華に見とれた。

ひときわ背丈が高いイタドリは夏、紅色のカワラナデシコやテガタチドリの可憐な花、またツリガネニンジンやマツムシソウの上品な花に囲まれて、黄がかった白色の地味な花で我慢しなければならない。だから他の草が雪に埋まった冬、雪の上に突き出た枝に美しい華を咲かせているのだろう。これほど美しい霜の華を私は見たことがない。

冬の美ケ原には、もうひとつ別の霜の華が咲く。いつも泊まっている王ケ頭ホテルの窓ガラスの霜であるが、この霜の結晶は、十センチにも二十センチにも伸びてゆく。その模様は、窓ごとに一様ではない。ゴシック建築の迷宮を思わせる壮麗な結晶があるかと思えば、迷宮の壁面を飾るレリーフがある。その霜の華に魅せられて、幾度か撮影した。

最初は暗くて深い群青色の迷宮は、夜明けとともにかすかな曙色に染まった。それから赤丹、柿色に変わった。太陽が昇った一瞬、黄金色に輝いたかと思うと間もなく、さめた黄色、クリーム色、と変わった。そして、みるみる形をくずして消えていった。

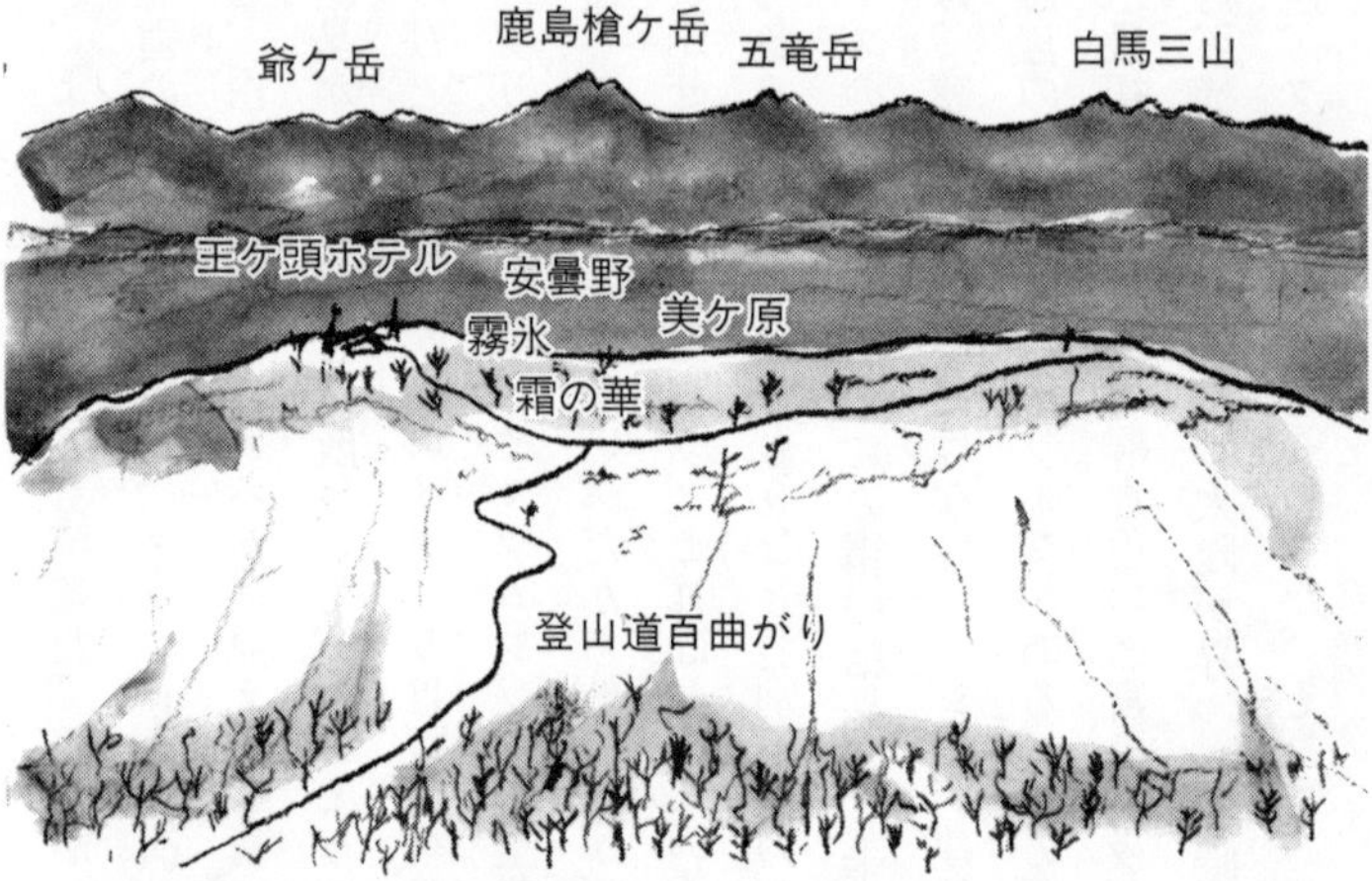

霜の華

霜は、放射冷却で気温が氷点下になった寒い朝、地表ちかくの水蒸気が枯れ草などに触れ、昇華してできる氷の結晶です。私の経験では、風のないよく晴れた朝に、ひときわ立派な霜の華が咲きます。窓ガラスの霜も、同様です。

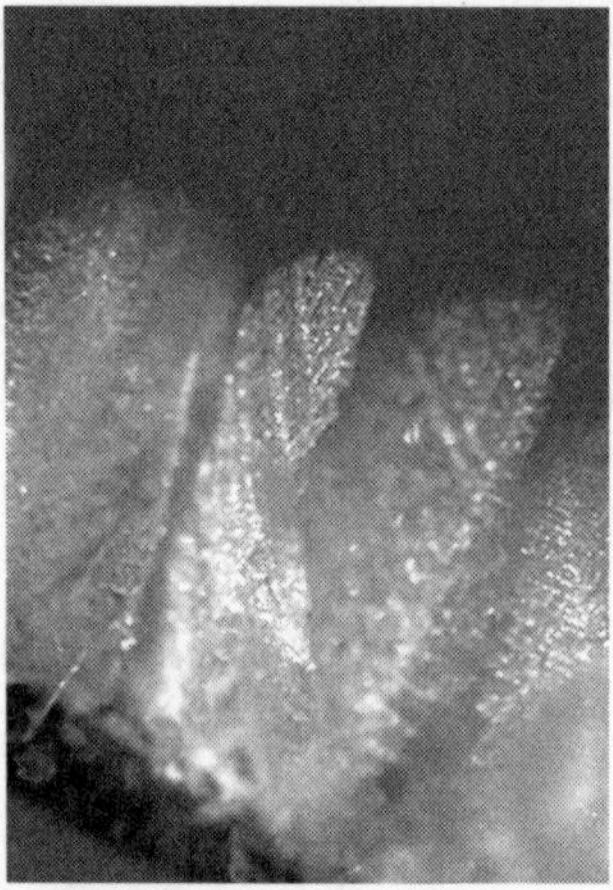
霜の結晶時期＝11月～2月

初冬の安曇野

十一月上旬の安曇野は、すっかり冬支度を終え、田畑も里山も枯れ色と呼べばいいのだろうか、それまでとは趣が違ってくる。

この時期、日本アルプスサラダ街道と呼ばれる三郷《みさと》村の広域農道を車で走ると、リンゴ畑の木々もみんな枯れ葉を落とし、もの寂しい初冬の安曇野が広がっている。その中に、ぽつんとただ一つリンゴを残した木がところどころに見られる。なぜわざわざ一個だけ残しておくのだろうか。

聞くところによると、それは木守《きまもり》と呼ばれ、来年もたくさん実がつくようにとの祈りがこめられているとも、餌が少なくなる小鳥のために残してあげたものであるともいわれてい

電車＝ＪＲ大糸線豊科駅よりサラダ街道の楡までタクシーで約10分。車＝長野自動車道松本ＩＣより約20分。問い合わせ＝三郷村役場観光課☎0263-77-3111

る。いずれにしろ、木の頂にひとつ残された赤いリンゴに、何か暖かいものが感じられる。

そのころ、里の雑木林には、ガマズミの実がたくさん残っている。

初夏に、直径五ミリほどの白い花を皿を伏せた形にたくさん咲かせ、花が終わると、扁平で卵形をした六ミリくらいの実をつける木だ。霜が降りたのだろう。赤い実にちょっと白い粉がふいていた。これを口にするとシャリシャリと歯ざわりがよく、青リンゴの味がする。十月に山で楽しめた、淡い紫色の果実が割れて白い果肉をのぞかせていたアケビや、ナシの味がするあずき色のヤマボウシなどの実はすでに姿を消しているので、このガマズミの実が私にとって山からいただく最後の美味である。

十一月の半ばのある日、北アルプスの稜線にとどまっていた冬将軍が一気に里に降りて来るや、辺り一面が銀世界となる。冬の森となっても、少ししぼんだムラサキシキブの実や、小さな干しぶどうを思わせるヤマガシュウの実が雪の中でちぢこまっているのを見かける。ひときわ綺麗なのが、赤珊瑚《あかさんご》色のヒヨドリジョウゴだ。直径七ミリほどのまん丸い実が、雪の綿帽子を被っていて、とても綺麗だ。

この実は、鳥にとってよほどおいしいのだろう。鵯上戸と書き、ヒヨドリがどんどん食べ

初冬の安曇野

て止まるところを知らない実、という意味から名づけられたそうだが、この実は果肉を鳥に食べさせて種を遠くまで運んでもらい、新しい土地に芽を出す植物であるという。

私のように、いつも自然を歩いている者にとっては、自然界の摂理にいつもおどろかされるばかりだ。美しい色や香りで昆虫をおびき寄せ、蜜をご馳走して花粉を運んでもらったり、種に落下傘のような冠毛《かんもう》をつけ、風に乗って新天地へ旅立つことなどだれでも知っていることだが、なぜそのようなことができるのか、不思議と思えることが数限りなくある。新天地にたどり着いた種は、風雪に耐え、また美しい花をつけ、安曇野を飾るのだろう。

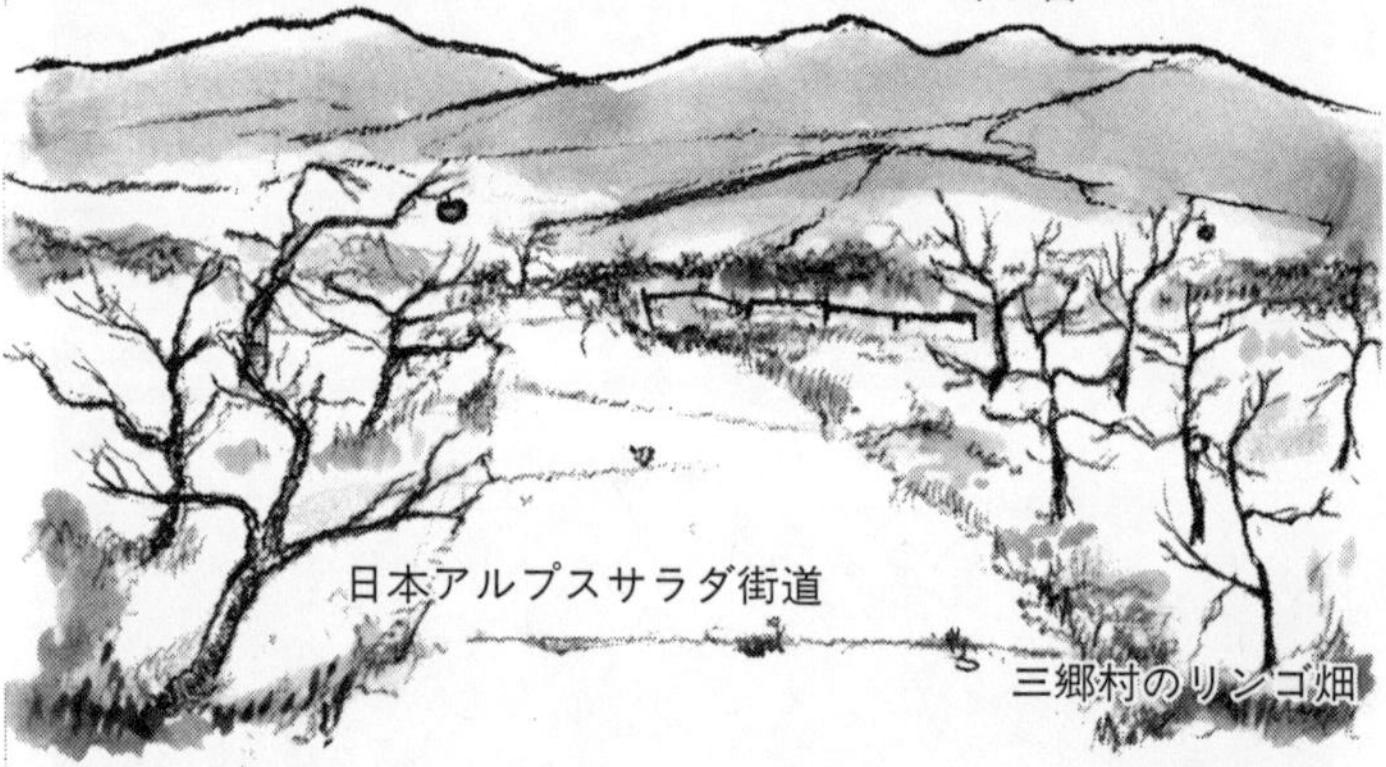

ヒヨドリジョウゴ（鵯上戸） ナス科

山裾の道などで出会う、つる性の植物です。夏の終わりごろ、花弁がそり返った白い花をつけます。実は直径八ミリほどの球形で、よく目立ちます。和名は、この実をヒヨドリがどんどん食べて止まるところを知らない植物、という意味です。

実の時期＝11月～２月

美ケ原の冬の華

正月がすぎて間もない日に、美ケ原の霧氷《むひょう》を今年も訪ねた。冬の華と呼ばれる霧氷は、花を撮影している私にとって、とても重要な写真なのである。

朝早く起きて外に出てみると、泊まっている王ケ頭ホテルも、その後ろにあるテレビ塔も、霧氷で真っ白になっていた。曇っていたが、そのうちに晴れることを期待して、一キロほど離れた目的地の王ケ《おうが》鼻《はな》へ急いだ。

王ケ鼻も、ダケカンバやカラマツ、立ち枯れのイタドリ、マツムシソウなどが真っ白になっていた。しかし、期待もむなしく一向に晴れるきざしがない。

いつしか、粉雪がちらついてきた。あきらめてカメラをしまいかけた、そのときである。

交通＝冬は、王ケ頭ホテルの送迎の車のみです。問い合わせ＝王ケ頭ホテル☎0263-31-2751

はらはらと、黒いザックに雪の結晶が落ちてきた。

私はすぐにマクロレンズをつけて、付近の笹の葉に落ちている形のよい結晶をさがした。縁が枯れた笹の葉に積もった結晶が見つかった。彩度は足りないが、いろんな形の結晶が重なっている。

撮影している間にも、次々に落ちてきて積み重なってゆく。雪についたひざが痛いが、心はひどくたかぶり、夢中でシャッターを切った。十九年も信州に住んでいるが、形が整った雪の結晶に出会ったのは初めてだった。

ここ美ケ原では、北アルプスを越え、安曇野を吹き抜けた風がたえず吹きあげてくる。この風が山腹から湧きあがった霧を運ぶとき、草木に真っ白い霧氷の華が咲く。

空いっぱいに枝を広げたダケカンバ、肩を寄せあったカラマツの森、幹が埋まっているので丸い形に伸びた枝が枯木の大きな玉のように見えるコナシ、あずき色の冬芽をつけた枝が雪原から突き出たレンゲツツジ、すべてに霧氷がついて白い彫刻を思わせ、やがて朝日が差してくると、それが一斉に輝きはじめる。

しかし、森の中に入って撮影するとなると大変である。もう十年ほど前のことだが、雪の斜面を下ってカラマツの霧氷を撮影した後、再び登り返すのにとても苦労した。雪が深くて足が上がらないのである。しかたがないので、三脚を横にして前の雪をある程度固めては、鉄棒で懸垂《けんすい》をするような感じで這いあがったことがあった。まさに、行きはよいよい帰りはこわいである。

そのとき撮ったカラマツの枝には、氷に包まれたたくさんの冬芽が写っているが、やがて春になると、その冬芽が萌葱《もえぎ》色の葉に変わっていくのだから、自然は何と力強いのだろうか。

冬の美ケ原で出会いたいもうひとつが、ダイヤモンドダストだ。寒い日、それも零下十五度以下にならないと見られない。かといって、零下十五度以下になれば必ず見られるかというと、そういうわけではない。見られたら幸せ、というくらいの気持ちが必要だろう。出会っても、短い時間で消えてしまうことが多い。だから、落ち着いて手早く撮影しなければならない。

大事なことは、露出を補正しなければならないことである。条件によって微妙に違うが、背景が陰になっていれば、絞りをおよそ三分の二ほど絞る。背景が明るい雪であれば、逆に三分の二ほど開ける。そうでないと現像したとき、目で見た情景とは違って、がっかりすることになる。

一眼レフカメラを持っている人は多いけれど、このことを知らないと失敗する。露出を補正しなければならない理由は、一眼レフカメラに組み込まれている反射式露出計が、測定したところが中庸濃度になるように設定されているからだ。だから、真っ白い雪を補正しないで撮ると灰色の雪に写ってしまうし、逆に暗い背景はそれほど暗くない濃度に写ってしまう。

また、そのときの印象によって、意図的にハイキーに撮影したり、ローキーに撮影することもある。そこが面白いのだが、自然現象にであったときは、ゆっくり考えている時間がない。だから露出だけでなく、構図や色合い、被写界深度、シャッタースピードなどをすぐに判断して撮影しなければならないところに、難しさがある。

本書の原稿を書き終えた三月半ば、美ケ原を訪れた。春の雪が降った直後である。途中、駒越林道は雪が積もって、カラマツの森が真っ白になっていた。

稜線に出ると、カラマツやダケカンバは霧氷に変わった。何もかもが真っ白な世界は、しばらく遠ざかっていた私の撮影意欲を呼びおこしてくれた。シシウドやイブキボウフウの、線香《せんこう》花火を思わせる花柄だけの花序も興味深かったが、岩の隙間で凍りついていた枯色のミヤマシャジンが印象に残った。

冬の美ケ原

冬の華・霧氷

　気温が氷点下のとき、樹木や枯草に、空気中の水蒸気（霧）が吹きつけられて昇華してできる氷です。ダケカンバやカラマツの森がひと晩の霧で真っ白になりますが、風が吹くとあっという間に散ってしまう、はかない命です。

霧氷の時期＝11月～３月

必要な装備

ここに紹介してきた場所は、いくつかの高山を除いて、普段の服装で歩けます。しかし、信州は標高が高いために、朝夕は思ったより寒い日があります。また、信州は紫外線が強いので、特に女性は帽子や日焼けどめを忘れるとたいへんです。

私の経験をもとに、「必ず持参しなければならないもの」「旅行が楽しくなるアウトドア用品」「自然を楽しむ七つ道具」「アウトドア達人のグッズ」などを紹介します。

もうひとつ、とても大事なことがあります。荷が重くならないように気をつけることです。ひとつひとつはそれほどでなくても、全部をザックに入れてみると、びっくりするほど重くなってしまうことがあります。

軽くてよいものに、アウトドア用品があります。たとえば、高価ですがゴアテックスのウエアーがあれば、レインウエアーがなくても少々の雨は大丈夫です。逆にゴアテックスのレインウエアーを、防寒着として用いることもできます。雨や風を通さないし、むれないし、デザインも決して悪くありません。

入れるものは、ザックがおすすめです。私はいつも、カメラ、三脚など、十八〜二十キロをザックにつめて野山を歩いていますが、もしも荷物をボストンバッグに入れて歩くとしたら、半分の十キロも持てないでしょう。ザックは、腰、肩、背中など、体全体で荷を背負いますから、負担が少ないのです。そして、両手が使えます。

ここに紹介した場所であれば、デイパック、デイハーフパック（二十〜三十リットル）のザックで十分です。山用品の店をたずねると、デザイン、色など、驚くほどたくさんの種類がそろっています。自分の体に合ったザックを選ぶことが大切です。

同じ重さの荷であっても、ザックが体に合わないと、肩が痛くなったり腰を悪くすることがあります。山用品の店では専門家（店員）がいますので、相談すれば、適切な助言がありま す。

「自然を楽しむ七つ道具」「アウトドア達人のグッズ」では、持っていると楽しめる七つ道具、小さなガスコンロ、運動量に合わせた重ね着、などを紹介します。あまり荷物が重くなっては旅が楽しくありませんが、軽いガスコンロやコッフェル、カップなどがあると、気に入った場所に腰をおろし、コーヒーや紅茶が楽しめます。そうしていると、いろいろなものが見えてきて、写真やスケッチを楽しめます。

チタンの魔法瓶もおすすめです。歩き疲れたとき、一杯の熱いコーヒーや紅茶は、ほんとうにおいしいものです。疲れがとれます。普通の魔法瓶では重くてたいへんですが、チタンの魔法瓶は、普通の水筒と同じ重さです（四百八十ミリリットル入りで二百四十グラム）。

最後に、チタンのスキットルはいかがでしょう。ウイスキー等を入れる小さなボトルです。チタンは軽いだけでなく、味が変わらないことも特徴です。私は、山小屋に着いてから、お気に入りのウィスキーが飲めることが楽しみなので、水筒とともに、ウイスキーを入れたスキットルを持って行きます。

必ず持参しなければならないもの

●早春

防寒ジャケット
レインウエアーか折りたたみ傘
水に強い靴かトレッキングシューズ
帽子
地図とガイドブックのコピー
自分の薬
日焼けどめ
バンソウコウ
ゴミ袋

●春

ジャケットかセーター
折りたたみ傘かレインウエアー
水に強い靴かトレッキングシューズ

トレッキングシューズ(右)、ウォーキングシューズ（左)、レインウエアー（袋)

●夏

帽子
地図とガイドブックのコピー
自分の薬
日焼けどめ
バンソウコウ
ゴミ袋

ヤッケかベスト
レインウエアーか折りたたみ傘
運動靴かトレッキングシューズ
帽子
地図とガイドブックのコピー
自分の薬
日焼けどめ
バンソウコウ

ガスコンロ(左前)、水筒(左後ろ)、コッフェル、カップなど

ゴミ袋

●秋

ジャケットかセーター
レインウエアーか折りたたみ傘
運動靴かトレッキングシューズ
帽子
地図とガイドブックのコピー
自分の薬
日焼けどめ
バンソウコウ
ゴミ袋

●冬

防寒ジャケット
レインウエアーか折りたたみ傘
防寒靴かトレッキングシューズ

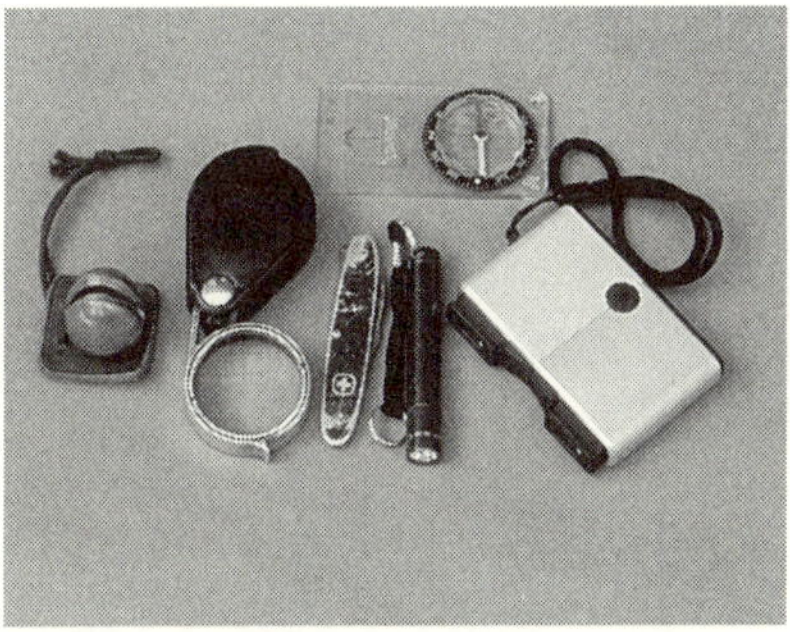

（右から）双眼鏡、ペンライト、ナイフ、ルーペ、熊よけの鈴、コンパス（後ろ）

帽子
地図とガイドブックのコピー
自分の薬
使い捨てカイロ
日焼けどめ
バンソウコウ
ゴミ袋

旅行が楽しくなるアウトドア用品

ザック　ボストンバッグより負担が少なく、両手があきます。
防寒着　ゴアテックスだと、少々の雨でも大丈夫です。
ゴアテックスのトレッキングシューズ　少々の雨やぬかるみでは濡れません。
レインウエアー　ゴアテックスであればむれないので、非常に快適です。
ルーペと小さな望遠鏡　小さなもの、遠くのものが楽しめます。
水筒　チタンの魔法瓶（四百八十ミリリットル入りで二百四十グラム）であれば、普通の水筒と同じ重さで温かいものが飲めます。

自然を楽しむ七つ道具

カメラ　記念写真だけでなく、メモにも使えます。
ルーペ　花や冬芽など、小さなものが楽しめます。
望遠鏡　遠くの景色や花、木の実などが観察できます。
小さなナイフ　ナイフひとつで、何でも作れます。
スケッチブック　旅のスケッチブックは、いちばんの思い出になるでしょう。
コンパス　方位だけでなく、太陽、月、星の動く方向を知ることができます。
ペンライト　夕暮れや早朝のカメラ操作をはじめ、何かと便利です。

アウトドア達人のグッズ

小さなガスコンロとチタンのコッフェル、カップ　紅茶やコーヒーが楽しめます。
チタンの魔法瓶とスキットル　温かい飲みものとお酒が楽しめます。
アンダーシャツ　オーロン、ダクロンなど、すぐ乾くものを使用します。

レスキューシート　万一のために、ザックの隅に入れています。
鈴かホイッスル　熊よけ、遭難信号等に使います。
重ね着　気温や運動量に応じて体温をコントロールできます。

より美しく写真撮影をする

旅先で出会った美しい花や風景を、綺麗に写すことができなかったという話を幾度も耳にしたことがあります。大切な記念写真でしょうから、ほんとうに惜しいですね。
写真はだれにでも写せます。しかし、うまく写らないときなどの条件を知らないと、写真ができたときにがっかりします。失敗しないために、より美しい写真を撮るために、カメラのことを少しお話しします。

コンパクトカメラ　コンパクトカメラは軽くて使いやすいカメラです。私も、記念写真やメモ用に、コンパクトカメラを使っています。各メーカーからいろんなコンパクトカメラが販売されていて、いずれも基本的によく写ります。
しかし、失敗する景色があります。それは、写そうとする人物や花が陰になっていて、背景が明るいときです。雪を頂く白い山が背景のときは、山が写っていないことさえあります。理由は、カメラは人間の目よりコントラストが強いので、後ろの白い山は露出オーバーとなって、プリントに出てこないのです。

では、どうしたらよいのでしょう。

まず、撮影する場所を、日が当たっているところに移動すれば人物も白い山も写ります。つまり、被写体と背景の明暗の差を小さくすればよいのです。

一眼レフカメラ　最近はすべてオートの、軽い一眼レフカメラが多くなりました。周知のとおり一眼レフカメラの特徴は、ファインダーで見ているとおりに写ります。つまり、コンパクトカメラがレンズとは別の、カメラの上部にある窓から被写体を見ているのに対し、一眼レフカメラは、レンズを通した像をミラーとペンタプリズムによってファインダーに導いて見ているので、視差がありません。ですから、被写体に近づいて写せます。マクロレンズを使えば等倍の大きさに写すこともできます。このことが、一眼レフカメラの最大の特徴です。

では、コンパクトカメラよりすべて優れているのかといいますと、そうでもないのです。軽い一眼レフカメラがあるとはいえ、コンパクトカメラにくらべれば重く、大きくてかさばります。操作が難しくなります。コンパクトカメラより、ブレた写真ができやすくなります。

一眼レフカメラがコンパクトカメラよりブレやすいのは、先に述べましたように、レンズを通した像をミラーとペンタプリズムを使ってファインダーまで導いて見ていますので、シャッターが切れる直前に、ミラーを上にはね上げる構造になっているからです。この、ミラーが上にはね上がったときのショックでカメラがブレるのです。一眼レフカメラで風景を撮影している写真愛好家が、大きな三脚を使っているのを見かけたことはありませんか。大きな三脚を使っているのは、ミラーが作動したショックによるブレを防ぐのが、いちばんの理由です。

以上のようなことを考え合わせますと、記念写真やスナップ写真だったら、軽くてブレの少ないコンパクトカメラで十分だと思います。コンパクトカメラといっても、広角から望遠までのズームレンズがついているものが多く、視差が少しあるとはいえ、週刊誌を画面いっぱいに写せるまで近づけます。

斜光線で撮ると、花が輝いて写ります　花は、正面から照らされている順光線で写すより、太陽が斜め前方にある斜光線の方が綺麗に写ります。花や葉が光に透けて輝いているからです。写真は順光線でないと失敗すると思っている人もいますが、そうではありません。思い切って、斜光線で花を撮ってみてください。きっと、仕上がったプリントの美しさに満足できるでしょう。

曇り日は、花がいちばん優しく写ります　柔らかな光に包まれている曇りの日は、花びらの微妙な色がよく写ります。目で見た感じにいちばん近いでしょう。ただ、日が差しているときに比べてシャッタースピードが遅くなりますので、カメラがブレないように、両手でしっかりと持ってシャッターを押さなければなりません。カメラがブレると、仕上がったプリントを見てがっかりすることになります。

雨の日は花がみずみずしく写ります　曇りの日と同じように、柔らかな光に包まれ、花や葉に水滴が光っていて、風情があります。逆光線に輝いているときとは趣の違った美しさです。傘をさして撮影しなければならないのでたいへんですが、カメラがブレないように、両手でしっかり持って撮影しましょう。

ちょっと気をつけねばならないのは、フクジュソウのように雨や曇りの日は花を閉じる植物があるということです。カタクリやキクザキイチゲのように、花弁が垂れてしまう花もあります。

あとがき

この本は、私が安曇野に移り住んでから十九年間訪ね歩いた、安曇野の花や自然のことを綴りました。春のほんのひとときを飾る小さな草花、訪れた湿原に咲いていた色とりどりの花、山道に咲く一輪の花。安曇野を歩く楽しみは、花に出会える楽しみでした。

芽吹きはじめた雑木林に降る春の雪や、梢を渡る風の音、木々の葉を打つ雨の音など、なにげない自然との出会いも、安曇野を歩く楽しみです。道草しながら野山を歩けば、草木の花や自然のいとなみに、心を強くゆさぶられることがたびたびあります。忘れかけた遠い日のことが思い出されます。

なぜ野草の花にひかれるようになったのか。汗を流して野山の花を訪ね歩くのか。疑問に思っていたわけではありませんが、あるとき、ふっとそのわけがわかりました。

花に癒されていたのです。

振り返ってみますと、野草の花を訪ね歩くようになったのは、二十六歳のときからです。体をこわして仕事を休んでいた私は、晴れぬ気持ちの毎日を、近くの畦道を歩いてすごしました。芽吹きはじめた草々で緑の帯となった早春の畦道には、淡い露草色のオオイヌノフグリや、それより小さいハコベの白い花などが咲いていました。健康なときは気づかなかった、名も知らない草花です。

精いっぱいに咲いていたその小さな草花は、健康や生活の不安に囲まれて目がくらむほどの絶望感に達していた私の心を、どれほど癒してくれたことでしょう。

それから、私は野草の花を訪ね、撮影するようになりました。

安曇野に魅せられたのは、最初、目の前にそびえる北アルプスでした。それから幾度もかよって、北アルプスを眺めながら麓を歩いているうちに、安曇野がたぐい稀な花の宝庫であることを知り、家族で移り住みました。安曇野に咲く、花の健気《けなげ》さ、花の表情、花の香りなどなど、ほんの少しでもお伝えできたらいいのですが、いかがでしょうか。

花を訪ね歩いていてお世話になった、たくさんの方々に感謝します。

安曇野の花について書いてみないかとチャンスをくださった、また、本書の編集にあたってくださった講談社の古屋信吾氏、早川真氏、春風社の中野賢三氏、絵地図を描いてくださった小平彩見さんに感謝します。

二〇〇〇年五月吉日

増村征夫

増村征夫

1944年、大分県に生まれる。大分県立佐伯鶴城高等学校を卒業。自然写真家。日本写真家協会会員。1971年に初めて訪れた安曇野に10年間通ったのち、1981年に安曇野へ移住。以後、安曇野を中心に信州や北アルプスの自然を撮影しつづけて今日に至る。著書には『安曇野花の旅』『信州花の旅』『花の王国』『信州で出会いたい花50選』(以上、新潮社)、『星の降る里』『信州の花と美術館』(以上、小学館)などがある。

講談社+α新書《プラスアルファ》 23-1 D

安曇野《あずみの》 一《いち》日《にち》の花《はな》歩《ある》き野《の》歩《ある》き

増《ます》村《むら》征《ゆく》夫《お》 ©Yukuo Masumura 2000

2000年6月20日第1刷発行

発行者——— 野間佐和子
発行所——— 株式会社 講談社
東京都文京区音羽2-12-21 〒112-8001
電話 出版部(03)-5395-3529
販売部(03)-5395-3626
製作部(03)-5395-3615
カバー写真・口絵—— 増村征夫
デザイン——— 鈴木成一デザイン室
カバー印刷——— 共同印刷株式会社
印刷——— 慶昌堂印刷株式会社
製本——— 株式会社国宝社

落丁本・乱丁本は小社書籍製作部あてにお送りください。送料は小社負担にてお取り替えします。

なお、この本の内容についてのお問い合わせは生活文化第二出版部あてにお願いいたします。

Printed in Japan ISBN4-06-272022-1 (生活文化二) 定価はカバーに表示してあります。